남의 말과 상식에
휘둘리지 않고
유쾌하게 살아가는 법

남의 말과 상식에
휘둘리지 않고
유쾌하게 살아가는 법

용혜원 지음

MP 머니플러스

사람은 자신의 말하는 대로 살아간다. 행복한 삶을 살고 싶다면 언어를 잘 표현해야 한다. 즐겁고 기쁘게 확신 있는 표현을 할 때 행동에도 자신감이 생긴다. 언어를 표현하는 것은 우리의 삶을 표현하는 것이다. 사람과 사람 사이에 벽이 생기는 것도 언어 표현 때문이다. 사람과 사람 사이에 상처를 받는 것도 바로 언어 때문이다.

자신의 말에 확신이 있고 행동에 자신감이 있는 사람은 남의 말에 상처를 받거나 휘둘리지 않고 자신의 꿈과 희망을 이루어 살아간다.

오늘 이 시대에는 난폭하고 교활한 말을 쓰는 사람들이 있다. 때로는 보이지 않는 곳에서도 공격하여 상처를 주고 무너뜨리려 한다. 우리 주변에는 말에 상처를 받는 사람들이 많다.

갖가지 비난과 악성 댓글에도 상처를 받는다. 총에 맞은 상처는 치유할 수 있으나 말로 받은 상처를 치유하기가 어렵다는 말이 있다. 그만큼 말로 받은 상처가 큰 것이다. 우리는 스스로 어떤 상황과 경우에 처하더라도 이겨낼 수 있는 힘을 가져야 한다. 이 세상에 상처를 받지 않은 사람은 한 사람도 없다.

롱펠로의 시처럼 "누구의 인생이든 비는 내린다."

우리는 과감하게 우리에게 다가오는 온갖 시련과 역경을 이겨내고 앞으로 정진해 나가야 한다.

우리가 사용하는 언어는 사상을 만들고 역사를 만들고 문화를 만들어낸다, 우리들의 마음과 감정을 마음껏 표현할 수 있는 도구이다. 우리는 우리의 말과 행동을 자유롭게 표현함으로써 꿈과 비전을 힘차게 이루어 가야 한다.

언어는 성공과 실패를 만드는 힘이 있다. 우리는 행복을 주는 언어, 희망을 주는 언어, 사랑을 주는 언어를 통하여 세상을 살기 좋은 세상으로 만들어가야 하고, 내일의 삶을 맑고 푸르게 만들어가야 한다.

시인 용 혜 원

PART 3 ★ 나를 바라보는 법 ·········

PART 4 ★ 성장 ·········

PART 5 ★ 더 나은 미래 ·······························

PART 1

상처

내 미래에 대해
두려움 없애기

▷ ▷ ▷

아주 작은 새도 넓은 하늘을 찢으면서 길을 만들어 마음껏 날아간다. 이 세상을 쉽게 살아가는 방법은 없다. 꿈을 가진 사람은 자기 자신을 뛰어넘어 비상하는 사람이다. 비상하고 싶다는 것은 모든 사람의 희망이다. 부족하더라도, 연약하더라도 꿈이 있다면 비상을 시작할 수 있다.

뛰어난 사람은 한 가지 공통점이 있다. 비상하기를 원하는 사람은 두려움이 없다. 자신을 의심하거나 두려워하지 말고 마음을 정복하고 도전할 수 있어야 한다. 자신이 원하는 삶을 살아가라. 비상할 용기가 없는 사람에게는 그 어떤 것도 도움이 되지 않는다. 우리는 부족하기에 초라하기에 도전할 수 있고 이루어 갈 수 있다.

제임스 앨런은 인간의 마음은 정원과 같아서 지혜롭게 가꿀 수 있고 야생의 들판으로 버려둘 수도 있다고 말했다.

성공하는 사람은 항상 변화를 시도하고 열정을 갖고 최선을 다해 살아간다. 멈추지 말라! 인생이란? 자기의 자서전을 쓰도록 허락된 시간이다. 나약하고 연약하게 살 필요가 없다. 내일 향하여 최선을 다하며 비상할 때 모든 것은 달라지기 시작한다.

뛰어가면 앞만 보이지만 온 세상이 보인다. 강하고 담대하게 현실과 맞서며 도전하는 것이다. 내일은 자신의 날이 될 것이다.

에픽테토스는 "어떠한 일도 갑자기 이루어지지 않는다. 한 알의 과일, 한 송이 꽃도 그렇게 되지 않는다. 나무의 열매조차 금방 열리지 않는데 하물며 인생의 열매를 노력도 하지 않고 조급하게 기다리는 것은 잘못"이라고 말했다.

멋진 내일 살고 싶다면 희망을 가져라. 노력하고 끊임없이 도전하라.

제2차 세계 대전 때 크레이턴 메이브램 장군과 그가 인솔하던 부대는 적군에게 모두 포위되고 말았다. 이때 장군은 낙심하지 않고 오히려 용기백배하여 "전쟁이 시작된 이래 처음으로 우리는 지금 사방을 공격할 수 있는 절호의 기회를 맞았다."고 말하여 용기를 불어넣었다.

사방에 포위를 당했으면 절망할 상태이다. 그러나 그는 장병들과 용기 있는 작전을 펼쳐 결국에 승리를 만들어냈다. 사방에 포위를 당했어도 하늘은 열려있고 희망은 있기 때문이다.

자신의 삶에 다가온 고통과 절망을 기회삼아 승리한 사람들이 성공한 사람들이다. 절망해야 할 상황도 어떻게 받아들이고 어떻게 대처하느냐에 따라 전혀 다른 결과를 가져오게 된다. 실패는 시련을 안겨주기도 하지만 그것은 곧 변화의 순간이다. 실패를 극복할 때 느끼는 감동은 대단하다. 고통을 이겨내고 성공하는 것은 패배 속에서 승리를 찾고 절망의 상황 속에서 희망을 찾아내는 일이다.

가시나무에서 장미꽃이 피어나는 것을 보아야 한다. 실패 속에서 성공으로 우뚝 솟아오르는 것은 마치 어둠을 뚫고 떠오르는 태양을 바라보듯이 벅찬 감동을 몰고 온다. 가능성을 믿고 시련과 고통의 순간을 성공의 시간으로 바꾸고 실패를 성공의 기회로 바꾸는 것이다.

나짐 히크메트는 '진정한 여행'이란 시에서 "최고의 날은 아직 살지 않은 날들이고, 가장 넓은 바다는 아직 발견되지 않았으며, 가장 먼 여행을 아직 끝나지 않았다."고 했다.

우리의 여행은 시작되었다. 우리는 자신의 한계를 잘 안다. 그러나 그 한계를 넘어서려는 희망과 용기를 잃어서는 안 된다. 자신을 뛰어넘어 한없이 비상하여 나가는 것이다. 이 얼마나 신나고 기분 좋은 일인가. 지금 당장 시작해 보는 것이다.

비행기를 생각해보면 커다란 비행기가 이 지상에서 떠서 하늘을 마음껏 난다는 것은 참으로 신기할 수밖에 없다.

이것은 기적이다. 수천 톤이 넘는 쇳덩어리가 하늘에 떠서 많은 시간 동안 하늘을 날아간다는 것은 참으로 놀랍다. 비행기가 뜨는 것은 가로막는 바람 때문이다. 바람이 있어야 비행기가 뜰 수 있다. 성공하는 데도 고통이 따른다. 고난과 역경의 바람이 불어와야 성공할 수 있다.

우리를 힘들게 하는
것들에서 멀어지자

▷ ▷ ▷

날마다 외쳐라.

"나는 꼭 필요한 사람이다!"

태양도 나를 위해 빛나고 내일도 나 때문에 찾아오고 들에 야생화도 나 때문에 핀다고 생각하라. 긍정적인 마음을 가져라. 나는 가치 있는 존재라고 확신하며 살아가라.

롱펠로의 시처럼 누구의 인생이든 비는 내린다. 이 세상은 모두 다 상처를 받고 살아간다. 그러나 어떤 아픈 상처이든 아물 날이 분명히 있다. 고난의 밭에서 성공이 열매를 맺는다.

톨스토이는 세 가지 질문에서 세상에서 가장 중요한 때는 바로 지금이고, 가장 중요한 사람은 지금 당신과 함께 있는 사람이고, 가장 중요한 일은 지금 당신 곁에 있는 사람을 위해 좋은 일을 하는 것이다. 그것이 우리가 이 세상에 있는 이유라고 말했다.

요즘 사람들을 만나면 이구동성으로 참 살기가 어렵다고 한다. 삶에 의욕을 주는 일이 없다는 것이다. 참으로 어려운 시대다. 늘어만 가는 실업자, 카트 연체자, 미취업자, 살인강도 사건들, 이들 모두 참으로 우울한 소식들뿐이다.

그러나 이런 어려울 때일수록 더 사랑해야 한다. 사랑은 따뜻한 마음에서 시작한다.

어떤 집에 아들이 군대에 갔는데 어머니가 편지를 보냈다.

"아들아! 네가 군대 간 지 몇 개월이나 지났는데 아직도 네 침대가 따뜻하다."

이 편지를 본 아들에게서 답장이 왔다.

"어머니 군대 올 때 전기장판 코드를 빼놓지 않고 왔어요!"

참으로 재미있는 유머다. 우리의 마음에 사랑이 있으면 사랑하는 사람이 있는 곳에는 언제나 따뜻함이 있다. 관심은 웃음을 만들어준다. 웃음은 행복과 축복을 만들어준다.

세상이 아무리 어렵다 하더라도 우리에게 필요한 행복을 미루는 것은 더 큰 비극이다.

우리는 어려울 때일수록 더 행복하려고 노력을 해야 한다. 아픔을 당한 사람들에게 관심 갖고 함께 해 주어야 한다. 간섭하고 구호만 외치고 상처만 주기보다는 서로 사랑하며 아픔을 치유해 주어야 한다.

간섭은 모든 일을 내 중심에서 바라보는 것이지만 관심은 모든 일을 상대방 중심에서 바라보는 것이다. 서로 이해하고 관대한 마음을 갖고 대하면 사랑하는 마음이 더 강해진다.

우리는 씻지 않으면 더러운 것처럼 행복하지 못한 것을 부끄럽게 여기고 사랑하며 행복하게 살아가야 한다. 세상이 어려워지면 사람들의 마음은 날로 강퍅해지고 불평하는 습관, 비판하는 습관, 상대방의 결점만을 찾거나 사소한 일에도 투덜거리는 습관이 생긴다.

삶이 어려울 때 걱정과 근심만 하는 것은 더 큰 불행을 만든다. 걱정과 근심은 스스로 만들어 내는 것이다.

우리가 하는 걱정 중에 90%가 일어나지도 않을 일을 걱정한다는 것이다. 어려울 때일수록 걱정만 하지 말고 새로운 변화를 일으켜 나가야 한다.

우리의 삶에 고통과 어려움이 있다는 것은 아직도 우리가 살아있다는 증거이다.

스코틀랜드 시인 자네 그레이엄이 이렇게 말했다.

"만일 조물주가 우리가 우울해지기를 바랐다면 땅에 초록색이 아닌

검은색 옷을 입혔을 것이다. 하지만 초록색은 명랑함과 기쁨의 옷이다."

삶에 어둠과 고통이 올 때도 우리는 초록의 생명으로 돋아나야 한다. 계란도 남이 깨면 찜이나 부침밖에 되지 않지만 자신이 깨고 나오면 생명과 자유를 얻는다.

우리도 마찬가지다. 어려울 때일수록 남의 탓만 하지 말고 그 고통 속을 스스로 이겨 나와야 한다. 어려울 때일수록 웃음을 찾고 행복을 찾는 것이다. 웃음은 승리의 노래다. 우리의 삶에 웃음이 가득하도록 살아가야 한다.

삶이 어렵더라도 억지로도 웃으면 마음이 명랑해지고 즐거움이 찾아온다. 사랑으로 삶을 만들어가야 한다. 어려울 때 더욱 가까이 다가가 상처받은 마음을 매만져 주어야 한다. 더 깊이 보고 따뜻하게 덮어주어야 한다.

사랑이 삶과 사람을 변화시킨다. 어려울 때일수록 불쾌하게 삶을 만들거나 이기주의와 증오를 남게 해서는 안 된다. 우리가 만나고 보고 느끼는 모든 것들 속에서 행복을 바라볼 수 있는 습관을 만들어야 한다.

이런 마음으로 많은 사람이 공감할 때 어려움은 조금씩 회복되어 간다. 공감이란 긍정적인 마음을 갖는 것이다. 마음과 마음을 하나로 모아가며 삶을 새롭게 변화시켜 나가야 한다. 어려울 때가 도리어 기회가 되도록 만들어야 한다.

나는 꼭 필요한 사람입니다

용혜원

마음속에서 큰 소리로
세상을 향하여 외쳐 보십시오
나는 꼭 필요한 사람입니다

자신의 삶에 큰 기대감을 갖고 살아가면
희망과 기쁨이 날마다 샘솟듯 넘치고
다가오는 모든 문을 하나씩 열어 가면
삶에는 리듬감이 넘쳐납니다

이 세상에는 수많은 사람이 살아가고 있지만
그중에서 단 한 사람도
필요 없는 사람은 없을 것입니다

세상에 희망을 주기 위하여
세상에 사랑을 주기 위하여
세상에 나눔을 주기 위하여

필요한 사람이 되어야 합니다

나로 인해 세상이 조금이라도 달라지고
새롭게 변할 수 있다면
삶은 얼마나 고귀하고 아름다운 것입니까

나로 인해 세상이 조금이라도
밝아질 수 있다면
얼마나 신나는 일입니까

자신을 향하여 세상을 향하여
가장 큰 소리로 외쳐 보십시오
"나는 꼭 필요한 사람입니다"

영국 속담에 이런 말이 있다.

"자기를 벌레라고 생각하는 사람은 다른 사람에게 벌레처럼 짓
밟힌다."

삶에서 좌절과 고통을 피할 수는 없다. 그러나 고통과 절망의 시간

은 단축할 수 있다. 우리의 힘과 열정이 절실하게 필요하다. 주변사람을 행복하게 만들어 줄 수 있는 마음의 여유를 가져야 한다.

하루에 한 사람을 행복하게 만들면 10년이면 3,650명을 행복하게 만든다. 우리 때문에 행복한 사람을 만들어가자.

시도하지 않으면 아무것도 이룰 수 없다. 서로 사랑하며 웃으며 어려움을 극복하여 나가야 한다.

일의 성취감이나 기쁨이라는 것은 어려움을 극복한 만큼 그 맛을 진하게 알게 되는 것이다. 어려움을 극복한 기쁨을 만끽하며 살아가자.

나도 몰랐던
진짜 내 마음을 알자

▷ ▷ ▷

이 세상 모든 사람은 나를 바라보는 구경꾼이다. 사람들은 내가 과연 어떻게 살아가는지 지켜보고 있다. 이 싸늘한 세상에서 따뜻한 감정으로 강하고 담대하게 살아가야 한다.

누군가 내 마음을 알아주고 읽어준다면 우리는 참 행복한 삶을 살아가는 것이다. 우리도 다른 사람의 마음을 따뜻하게 읽어줄 수 있다면 행복할 것이다. 아우렐리우스가 이런 말을 했다.

"다른 사람의 속마음으로 들어가라. 그리고 다른 사람으로 하여금 당신의 속마음으로 들어오도록 하라."

우리가 먼저 관심을 가질 때 다른 사람에게 관심을 받을 수가 있다.

그러한 마음은 긍정적인 마음에서 시작된다. 항상 긍정적인 마음을 갖고 살아가기란 그리 쉽지가 않다. 어느 순간 의기소침해지고 세상살이에 자신이 없어질 때가 있다. 그럴 때는 우울함 속에 빠지고 의욕이 사라지고 짜증이 난다.

그럴 때는 마음속 깊은 곳에서부터 긍정의 힘을 끄집어내어야 한다. 긍정적인 마음은 따뜻한 온기를 만들어낸다. 그래서 따뜻한 마음을 가진 사람 중에 긍정적인 사람이 많다.

막심 고리키가 이렇게 말했다.

"일이 즐거워지면 낙원이지만 일이 의무에 불과하면 인생은 지옥이다."

우리가 일할 때 복잡한 생각이 정신을 지배하는 이유는 마음이 불안하기 때문이다. 성취감을 맛보지 못한 사람들이 늘 조급하고 초조하다. 중요하지 않은 일에 분노하거나 서둘러서 자신의 능력을 낭비하는 일이 많다. 우리가 분노하거나 서두르지 말고 마음을 읽어 내리며 차분히 여유를 갖는다면 더 많은 일을 해낼 수 있다.

삶을 살아가는 동안 다양한 사람들과 만나서 관계를 유지해 간다. 그런 관계 속에서 평생 친구를 만나고 서로 상처를 주고받는 일이 생긴다. 우리가 서로의 마음을 읽어주고 친밀하고 독특한 관계를 유지하기 위해서는 시간을 들여야 한다. 사랑하고 이해하는 마음이 없으면 상대방의 마음을 읽어주거나 사로잡을 수 없다.

미국의 시인 롱펠로는 하버드 대학에서 근대어를 가르치며 낭만적인 사랑의 시를 써서 대중적인 사랑을 받았다. 세월이 흘러 롱펠로의 머리카락도 하얗게 세었으나 안색은 청년처럼 싱그러웠다. 하루는 친구가 나이보다 젊어 보이는 롱펠로에게 물었다.

"여보게 친구! 오랜만이군, 그런데 자네는 여전히 젊어, 자네가 이렇게 젊어 보이는 비결은 무엇인가?"

이 말을 들은 롱펠로는 정원에 있는 커다란 나무쪽으로 시선을 옮기며 말했다.

"저 나무를 보게나! 이제는 늙은 나무지. 그러나 저렇게 꽃도 피우고 열매도 맺는다네! 그것이 가능한 것은 저 나무가 매일 조금이라도 성장하고 있기 때문이야! 나도 그렇다네! 나이가 들었어도 매일매일 성장한다는 마음가짐으로 살아가네!"

현대인들의 특징이 무관심, 무목적, 무의식이라고들 하지만 세상은 언제나 서로의 마음을 읽어주는 사람들이 있어 평화가 존재하고 사랑하며 살아갈 힘이 생겨난다. 우리의 마음을 잘 읽어내려면 다른 사람의 마음도 읽어주어야 한다.

윌킨슨이 이렇게 말했다.

"당신의 마음속으로 들어가서 당신이 무엇인지 그리고 무엇이 될 것인지 읽어보라."

헤르만 헤세는 이렇게 말했다.

"마음속에는 언제라도 숨을 수 있고 본래의 자기의 모습을 되찾을 수 있는 안식처와 평화가 있다."

우리는 날마다 자신과 가족과 주변 사람의 마음을 잘 읽어주어 행복하게 살아야 한다.

내 감정에 솔직해지는 것이 나를 위한 길

▷ ▷ ▷

요즘은 모든 것이 시시각각으로 변화하는 감각의 시대이다. 다변화된 사회에서 무책임, 무의식, 무감각, 무감동으로 불감증을 앓으며 살아간다는 것은 불행 중의 큰 불행인 만큼 참으로 안타까운 일이 아닐 수 없다.

어항 속을 헤엄치고 다니는 금붕어도 비관해서 어항에서 튀어나왔다고 하는 웃지 못할 이야기도 있으니 참으로 급변하는 시대임을 알려주고 있다. 타인의 삶에서도 감동과 감격을 느끼고 살아가는 재미와 맛이 있어야 한다.

자꾸만 혼자만의 울타리를 쳐서 넘어가지도 넘어오지도 못하도록 경계선을 만들어 놓고 있으면 그 사람은 마치 들판의 허수아비처럼 살아가는 셈이다. 살아있는 기쁨, 살아가는 기쁨을 느낄 수 있는 것이 인간이다. 소망이 있는 사람, 꿈이 있는 사람, 곧 비전이 있는 사람은 모든 면에서 변화를 원하며 공감을 가지려고 노력한다.

웃을 수 있고 울 수 있는 감정의 모든 표현은 인간만이 할 수 있다. 이 좋은 감정을 사용할 수 없다면 이것은 좀 억울하다. 감정을 마음껏 표현하고 살아간다면 불감증은 그림자도 남기지 않고 사라져 버릴 것이다.

우리는 생활에 리듬감을 가져야 한다. 감정을 어떻게 사용하느냐에 따라 우리의 삶과 인격과 주변을 변화시키고 순수한 삶을 좀 더 아름답게, 좀 더 평화롭게, 좀 더 행복하게 살아갈 수 있다. 행복은 저절로 오는 것이 아니라 만들어가고 가꾸어 간다.

강철 막대기 하나는 5달러에 불과하나 그것으로 자를 만들면 10달러가 되고 바늘을 만들면 350달러가 되고 칼날을 만들면 32,000달러가 되고 시계 스프링을 만들면 250,000달러가 된다는 것이다.

과연 어떻게 10달러와 250,000달러의 차이를 설명할 수가 있겠는가? 똑같은 재료지만 두드려 단련될수록 탄성과 강도가 좋아지고 가치도 커진다.

우리들의 삶도 마찬가지다. 우리가 기뻐할 것을 기뻐하고 슬퍼할 것을 슬퍼할 줄 알고 자신의 감정을 마음껏 표현할 줄 알 때 더욱더 값진 삶이 된다.

삶이 마치 날마다 시계바늘이 돌 듯이 마치 물에 물 탄 듯이 맹맹하다면 무슨 재미가 있고 무슨 가치가 있겠는가? 우리의 삶에는 분명히 변화를 가져와야 한다. 우리들의 삶은 단 한 번밖에 주어지지 않았다. 시간은 자꾸만 흘러가고 시간은 우리를 용서해주지 않는다.

우리는 스스로도 감동할 수 있는 멋진 삶을 살아가야 한다. 과연 누가 우리를 대신하여 삶을 살아주겠는가. 우리는 삶의 엑스트라가 아니라 바로 주인공으로 살아가야 한다.

우리들의 마음에는 항상 두 가지의 마음이 있다.

선한 마음과 악한 마음, 부지런한 마음과 게으른 마음, 긍정적인 마음과 부정적인 마음, 소극적인 마음과 적극적인 마음, 이런 마음을 나쁜 쪽으로 방치하면 항상 악한 쪽이 우리를 이긴다. 우리는 피가 통하고 마음이 통하게 살아가야 한다. 삶의 온도를 높여서 더 힘차게 살아갈 필요가 있다.

단 한 번 지상에 초대된 삶인데 얼마나 소중한 시간인데 아무런 감동 없이 살아갈 수가 있겠는가? 우리들의 삶의 시간 속에 삶의 모습을 나이에 맞게 수놓아 가야 할 것이다. 오염되지 않고 맑게 살아간다면 날마다 새롭게 변화를 이루며 살아가게 될 것이다.

만약 지금도 감동 없는 삶을 사는 이들이 있다면 그들에게 좋은 이미지를 갖게 하는 열 가지 법칙을 가르쳐 주고 싶다.

첫째, 자신감을 가져라.

자신의 약점보다 강점을 바라보고 자기비판보다는 자신의 성공과 행복을 스스로 확신시킬 수 있는 사람만이 성공할 수가 있다.

둘째, 남과 비교하지 말라.

세상엔 우리보다 잘난 사람도 있고 못난 사람도 있다는 것을 알아야 한다.

셋째, 행복해지겠다고 결심하라.

사람은 자신이 작정한 만큼 행복해질 수 있다. 자신의 태도가 주위의 여건보다도 훨씬 더 중요하다.

넷째, 자신의 불행함이나 삶에 대한 허무감을 버려야 한다.

그런 느낌은 지나치게 자기중심적인 데서 나온다. 정말로 불행한 처지에 있는 사람들을 생각하고 도울 방법을 찾아야 한다.

다섯째, 긍정적이고 낙관적인 사람과 교제하라.

가까이 지내는 사람의 기분과 행동은 우리의 기분과 행동까지 전염시킨다.

여섯째, 지나친 죄의식을 갖지 말라.

다른 사람의 기분과 감정이 모두 자신의 책임이라는 것은 오만한 생각이다.

일곱째, 모든 일에 머리를 써라.

성공한 사람들은 작은 일에도 머리를 써서 발전시킬 방법을 찾는다.

여덟째, 완벽주의자가 되려고 하지 말라.

실수하는 것은 인간이고 용서하는 분이 따로 있다. 최선을 다하되 결과는 맡겨라.

아홉째, 어린아이처럼 하루를 시작하라.

어린아이들은 매일매일 자기에게 좋은 날이 될 것이라는 새로운 기대 속에서 새날을 시작한다.

열째, 자신의 삶에 자신감을 가져야 한다.

어떤 흑인이 거울 앞에서 화장하는데 아무리 화장을 하여도 새까만 얼굴을 희게 할 수가 없음을 알았다. 그 흑인은 "내 얼굴은 비록 검으나 내 마음은 희게 하겠다."고 말했다.

불감증 시대라고 하지만 우리들의 감정과 느낌은 생생하게 살아있어야 한다. 삶에 느낌이 있고 감동이 있다는 것은 얼마나 행복한 일인가. 작은 풀잎도 꽃을 피우고 작은 벌레도 울음소리를 내는데 우리도 삶에서 희로애락을 느끼며 행복하게 살아야 한다.

세상에 아무리 변화된다고 하여도 진리, 진실은 살아있다. 바른 믿음 바른 마음을 가지고 살아간다면 놀라운 변화를 일으키며 살아갈 것이다. 우리에게는 멋진 인생을 창출해 낼 수 있는 사랑이라는 힘이 생명력 있게 살아 움직인다.

우리의 삶에는
행복과 불행이 공존한다

▷ ▷ ▷

우리의 몸에 피가 돌지 않으면 죽음이 찾아온다.

강에 물이 흐르지 않으면 강이 아니다. 살아있는 모든 것들은 성장을 멈추지 않는다.

살아있는 것 모두 다 멈추지 않고 성장한다. 생명력이 있기 때문이다. 성공하는 사람도 성장을 멈추지 않는다. 심장이 한순간도 멈추지 않듯이 성공을 향하여 달려간다.

삶의 목표가 분명한 사람은 어떤 장애물 앞에서도 주저하지 않았다. 절망에 빠져 포기하지도 않는다. 어떤 장애물 앞에서도 앞만 보고 열심히 달려간다. 우리에게 성공이라는 꿈은 우리 자신을 돌아보게 하고 우리의 마음을 새롭게 하여 준다. 그러므로 우리가 하는 일을 향하여 꿈의 날개를 힘차게 펼쳐야 한다.

로렌스는 이렇게 말했다.

"당신의 부족한 것을 다른 것으로 배우게 하라. 어떤 능력이 부족했기 때문에 다른 방법으로 유능하게 된 예는 얼마든지 있다. 공부를 못했기 때문에 운동으로 성공한 사람도 있고 어려운 형편으로 대학을 중퇴하였기에 상업계로 나가 몇 년 후에 큰 상점의 주인이 된 사람도 있다."

브리스톨이 이렇게 말했다.

"당신의 모습은 자신이 생각하는 대로 만들어진다."

이 말을 확신한다면 우리가 어떻게 생각하고 행동해야 하는지 알려준다. 확신은 불가능을 가능하게 만들어주는 힘을 준다.

우리는 단 한 번의 삶을 살면서 여러 가지 변화를 만난다. 삶의 단계에 따라 자신의 변화, 환경의 변화, 다양한 사람과의 만남에 적응하기 위해 행동을 한다. 어떤 사람은 적응을 잘하고 어떤 사람은 위기를 개인과 주변 사람들이 성장하는 계기로 만들기도 한다.

미국의 프로 야구 선수로 명성을 날렸던 커크 깁슨에 대한 신문 기사를 보았다. 그는 1980년에 손목의 연골을 다치는 치명적인 상처를 입었으나 그 고통을 극복하며 선수 생활을 계속하였다.

그런데 1982년에는 왼쪽 손목마저 심하게 삐었다. 또 1985년에는 투수가 잘못 던진 공에 맞아 입을 열일곱 바늘이나 꿰매었고 허벅지에 타박상까지 입었다. 그리고 다음 해인 1986년에 발목을 심하게 다쳤는데도 선수로서 가장 훌륭한 기록을 올렸다.

이처럼 수많은 육체적인 고난을 겪으면서도 좌절하지 않고 당당하게 선수 생활을 멈추지 않고 계속하여 나간 것이다. 커크 깁슨은 '고통을 이겨낸 비결'을 묻는 사람들에게 이렇게 말했다.

"우리들의 삶에는 행복과 불행이 공존합니다. 잘 되고 행복할 때가 있는가 하면 안 되고 낙담할 때가 있습니다. 하지만 낙담할 때 저는 낙담을 이겨내는 것만이 제가 갈 길이라고 생각했습니다. 그러는 동안에는 제 직업과, 제 가족과, 저 자신에게 또 다른 소망을 갖게 되었습니다."

실패는 우리의 삶에 반드시 찾아오는 손님이다. 그리고 그 손님은 언젠가는 떠나간다. 우리에게는 언제나 좌절한 이유보다 희망과 비전을 가지고 멈추지 않고 성공을 향하여 행동할 이유가 있다.

한 가지 일에 꾸준하게 열정을 쏟아낸다면 그 모든 노력은 처음에는 별 것 아닌 것 같아도 나중에는 커다란 결과를 만들어 놓는다. 실패를 두려워해서는 성공할 수 없다. 성공한 사람들은 모두 다 실패의 쓴잔을 수없이 마셔본 사람들이다.

성공과 실패는 종이 한 장 차이다. 손바닥 앞면과 뒷면과 같다. 그러므로 모든 어려움을 이겨내는 힘을 가져야 한다. 실패를 잘 이용하여 성공의 기회로 만들어가야 한다. 실패가 없는 성공은 감격도 감동도 없다. 실패를 경험한 성공이 진정한 성공이다.

1968년 10월 20일 멕시코시티의 올림픽 경기장에는 마라톤 선수를 기다리는 관중들로 가득 차 있었다. 오후 7시가 넘어 밖은 어두워져 갔으나 여전히 관중들은 경기장을 가득 메우고 있었다. 그때 마라톤의 마지막 주자들이 결승선을 행해 비틀거리며 들어섰다. 그리고 그 뒤로는 사이렌을 울리며 병원 구급차가 들어왔다. 병원 구급차는 바로 탄자니아 선수를 따라오고 있었다.

'존 스티븐 아쿠와리'라는 이름을 가진 그는 이 긴 거리를 달려오기 위하여 피가 얼룩진 다리에 붕대를 감고 있었다. 절뚝거리며 걷는 듯 뛰는 듯 트랙으로 들어선 그가 마지막 한 바퀴를 달리고 결승선 안에서 쓰러지자 사람들은 일어나 그가 우승자인 양 박수를 보냈다. 한 사람이 그에게 달려가 물었다.

"왜 그렇게 힘든 경기를 포기하지 않고 달렸습니까?"

그러자 존 스티븐 아쿠와리가 말했다.

"우리나라에서는 저를 마라톤 선수로 출전시킬 때 마라톤 경주를 출발만 하라고 보낸 것은 아닙니다. 42.195키로 미터를 달려서 끝까지 경주하라고 보낸 것입니다."

성공을 향한 발걸음도 마찬가지다. 시작했으면 끝까지 완주해야 한다. 우리가 성실하다면 분명히 성공을 만들어낼 것이다.

1876년 토머스 에디슨이 설립한 미국 최고의 전통과 역사를 자랑하는 기업은 일렉트릭사다. 험난한 경쟁력에서 서서히 밀려나는 이 회사에 변화의 바람을 불어넣은 사람은 잭 웰치다.

그는 오로지 '1등과 2등의 사업이 아니면 과감하게 청산하라'는 경영상의 냉철한 결단력을 가지고 있으면서도 자신이 제안한 공장 자동화 계획이 실패하자 그 원인을 직원이 아닌 자기 판단의 잘못이라고 인정할 줄 아는 사람이었다.

실수를 시인하는 웰치의 경영전략은 제너럴 일렉트릭사가 세계적인 기업으로 거듭 태어나는 데 결정적인 역할을 했으며 세계인이 가장 존경하는 최고 경영자로 잭 웰치의 입지를 굳혔다.

누구나 그 사람의 생각에 따라서 그 사람의 크기가 결정된다. 즉 그 사람이 가진 생각만큼 그 사람이 된다. 그 사람이 가진 생각만큼 그 사람이 하고자 하는 일을 이룬다. 그러므로 생각을 잘하고 그것을 행동으로 옮겨 나가 성공을 이루어야 한다.

사상가 힐티는 그 사람의 하루 생활이 그날 아침에 일어나 생각한 만큼 이루어진다고 했다. 생각이 긍정적이면 행동도 긍정적으로 된다. 그 모든 것들이 열매를 열리게 한다. 그러므로 우리는 날마다 긍정적이고 적극적으로 살아야 한다. 산이 높다고 포기해서는 안 된다. 한 걸음 한 걸음씩 도전하여 정상에 올라가야 한다.

웰치는 어린 시절부터 매우 승부 근성이 강했다. 웰치에게 성공만큼 실패도 중요하다고 가르쳐준 사람은 그의 어머니였다.

살렘 고등학교 졸업반 시절 아이스하키 주장이었던 웰치는 최대의 라이벌인 베벌리 고등학교와 반드시 이겨야 하는 예선전을 벌인 적이 있다. 웰치는 팀의 주장답게 두 골을 넣어 팀의 승리를 눈앞에 두었는데 막판에 베벌리 팀이 두 골을 몰아 넣어 연장전으로 갔다.

막상막하의 숨막히는 접전 끝에 살렘 팀은 그만 베벌리 팀에게 역전패를 당하고 말았다. 고등학교 마지막 경기를 놓친 웰치는 미친 듯이 하키 스틱을 경기장의 얼음판 위에 내동댕이치고 라커룸으로 달려갔다. 이를 지켜본 그의 어머니는 라커룸으로 달려와 잭에게 야단쳤다.

"잭 네가 만일 패배를 인정할 줄 모른다면 넌 결코 멋지게 승리하는 방법을 또한 알 수 없을 것이다."

비록 잭은 여러 친구 앞에서 어머니에게 야단을 맞았으나 선의의 경쟁에 대한 소중함을 알리는 엄마의 이 한 마디는 잭을 세계 최고의 경영자로 만드는 데 큰 도움이 되었다.

절망의 계단을 딛고 일어서라

▷ ▷ ▷

성공한 사람 중에 뼈저린 고통과 통한의 눈물을 흘려보지 않은 사람은 없다. 우리는 머릿속에서 절망에 대한 잠재의식을 버려야 한다.

과거를 잊고 던져버려라. 흘러간 물이 물레방아를 돌리지 못한다. 오늘은 어제 죽어간 사람이 그토록 살기를 원했던 내일이었다. 오늘은 당신의 삶의 마지막 남은 날의 첫날이다. 얼마나 소중한 삶인가. 과거를 던져버리고 미래를 향하여 전진하여 나가야 한다.

로스 피어스틴이 이렇게 말했다.

"성공하기를 원하는가? 그렇다면 이미 개척해 놓은 길이 아닌 그 누구도 가지 않은 새로운 길을 개척해야만 한다."

우리가 무엇을 하려고 할 때 희망을 갖지만 수시로 우리를 절망하게 하는 일들이 일어나고 그러한 생각들이 찾아온다. 소극적인 생각과 행동을 하면 절망은 마음에 둥지를 틀려 할 것이다. 어려움을 당하면 당할수록 '나는 이겨낼 수 있다'는 강하고 담대한 마음이 더 생겨나야 한다. 절망을 희망으로 바꾸어놓은 사람이 진정으로 성공하는 사람이다.

이런 명언이 있다.

"앞으로 한 자만 더 파면 나올 우물물을 파보지 않고 근심만 하고 있다."

이제 조금만 파면 물이 쏟아져 나올 텐데 물이 안 나온다고 포기하고 절망한다면 얼마나 어리석은 일인가? 절망에서 벗어나 하고자 하는 일을 완수해야 한다. 무엇이든지 계속해야 한다. 우리에게 필요한 것은 절망에서 벗어날 수 있는 끈기이다. 우리의 삶은 언제나 부정적인 모든 것을 물리치고 성장해야 한다.

디즈데일리는 이렇게 말했다.

"성공한 사람이란 다른 사람이 자기에게 던진 벽돌로 오히려 기초를 쌓은 사람이다. 성공의 길은 결코 험하기만 한 길이 아니다. 한마음 한뜻으로 능히 쇠를 뚫고 만물을 굴복시킬 수 있다."

절망을 두려워 말라. 절망은 무언가를 완수하는 과정에서 누구나 겪을 수 있는 일로, 최종 결론은 아니기에 두려워해서는 안 된다. 성공하는 사람은 절망으로부터 많은 것을 배워 새로운 방법으로 문제에 도전하는 사람이다.

세계 역사의 태반은 이제 이것으로 절망인가라고 생각되었을 때도 묵묵히 일을 계속한 사람에 의해 완수되어 왔다. 절망한 순간이 있기에 성공을 했을 때 그 순간이 더 아름답다.

어떤 일이든지 시작하기는 쉬우나 단념하지 않고 계속하기란 쉬운 일이 아니다. 도중에 질려 버리거나 절망하기 때문이다. 나태해지기도 하고 자신의 한계나 어려움을 느껴 내버려두고 싶을 것이다. 절망의 계단을 딛고 일어서야 한다. 자신이 하고자 하는 일을 계속하여 추진해 나가는 것이 중요하다.

고난과 역경을 이겨내면서 성장하는 것이다.

힘든 노력 없이 획득한 성공은 아무런 가치가 없다. 역경이 없으면 성공도 없고 목표가 없는 삶은 아무런 결과를 얻을 수가 없다. 우리의 삶은 도전의 연속이다. 그러나 내딛지 않으면 아무런 일도 일어나지 않고 성공의 문턱에도 들어갈 수가 없다.

대부분의 사람은 발등에 불이 떨어지지 않으면 아무것도 하지 않는다. 생각만으로는 아무것도 할 수 없다. 모든 절망의 계단을 담대하게 올라서야 한다. 하고자 하는 일을 용감하게 행동에 옮겨야 한다. '만약

에'라는 말은 무기력을 만들고 잠꼬대만을 만든다. 그것은 가능성이라는 밭에 울타리를 쳐놓고 스스로 의욕을 가로막는 것과 같다.

린더스트는 이렇게 말했다.

"곤란은 뛰어넘기 위해서 존재한다. 그러므로 당장 곤란에 맞붙어서 싸워라. 일단 싸우다 보면 그것을 극복할 방법을 찾을 것이다. 몇 번이고 곤란과 씨름하는 가운데 힘과 용기가 용솟음친다. 그리하여 자신도 모르게 정신과 인격이 완벽하게 단련되는 것을 느끼게 되리라."

절망을 극복해 나가면서 우리는 배워 나간다. 하나의 절망을 극복하면 다른 절망도 쉽게 극복할 힘이 생긴다. 우리가 절망을 딛고 일어서면 반드시 성공의 문은 열리게 되어 있다.

우리에게 확신은 매우 중요하다. 확신이 없이는 사람의 마음을 움직일 수가 없다. 확신이 없이는 힘이 솟아나지 않는다. 자신이 나가는 방향을 확고히 알고 자신의 정당성을 조금도 의심하지 않는 사람은 진짜 힘을 가진 사람이다. 자기에 대해 확신을 가진 강한 사람은 혼자서 공동 사회 전체를 이끌고 나갈 수 있다.

그 사람이 말하는 것이라면 무슨 말이든 들으려 하고 그 사람을 위해서라면 무슨 일이든지 한다고 여러 사람으로부터 신임을 받는 사람은 분명히 자기가 말하고 있는 것에 확신을 가진 사람이다.

우리에게 확신이 없으면 평화도 없다. 같은 시간에 두 방향으로 끌

려가고 있는 사람에게 평화가 있을 턱이 없다. 확신이 없으면 위안도

없다.

행동하지 않으면
나의 상황은 변하지 않는다

▷ ▷ ▷

현대 사회는 전문적인 능력을 지닌 사람을 원한다. 누구나 처음부터 능력을 지닌 사람은 없다. 자신에게 있는 모든 힘을 다해 전력투구할 때 힘과 능력은 더 놀랍게 생긴다.

금이 불을 통과하면 더 순수한 순금이 된다고 한다. 우리들의 삶도 역경과 고난과 훈련을 통과하면서 새롭게 변화된다. 자신감이 넘치는 사람은 표정이 다르다. 여유와 웃음이 넘치고, 따뜻한 배려가 있고, 모든 일에 확신을 지니고 실행해 나간다.

저마다 각자의 길을 간다. 걷다 보면 들판도 나오고, 언덕길, 비탈길, 산길, 들길도 나오기 마련이다. 우리의 삶은 주어진 길을 가는 것이지만 모두 다 똑같은 길을 가는 것은 아니다. 편안한 길만 가는 사람은 아무도 없다. 어떤 상황에서도 대처할 수 있는 능력과 힘이 절실하게 필요하다. 그러므로 제일 먼저 확고부동한 자신감을 충분히 가져야 한다.

어떤 사람이 유명한 바이올린 제조가를 방문하여 물었다.

"당신이 만든 바이올린은 다른 곳에서 만든 것보다 훨씬 더 소리가 좋은데 그 이유는 무엇입니까?"

바이올린 제조가는 이렇게 대답했다.

"제가 쓰는 바이올린 재료는 매우 다릅니다. 아주 험한 산꼭대기에서 자라는 나무로 씁니다. 평지나 골짜기에 있는 나무는 아무 일없이 평화스럽게 자라기 때문에 나무의 질이 면밀하지 않습니다. 높은 산꼭대기에 있는 나무는 모진 바람에 늘 시달려 싸워왔으므로 강하고 그 질이 아주 면밀합니다. 이런 나무가 아니고는 좋은 소리를 낼 수가 없습니다."

젊은 날에 흘리는 눈물과 땀은 참으로 고귀한 결과를 가져올 것이다. 꿈과 비전이 분명하고 삶의 목적이 분명한 젊은이라면 시련과 역경을 뛰어만 넘는 것이 아니라 뚫고 나가 이겨내고야 말 것이다.

아픔은 성숙을 가져오고 좋은 열매를 열리게 한다. 어느 분야에서든지 성공한 사람들은 그만큼의 시련과 역경을 잘 이겨낸 사람들이다.

대개 사람이 자신의 능력의 15%만 사용하고 있다는 것이다. 자신의 능력을 키운 사람들은 그보다 더한 놀라운 능력으로 자신도 놀랄 정도의 일을 해낼 수 있다. 이는 바로 자신감과 도전 정신과 열정에서 이루어지는 것이다.

미국 시인 휘티어가 이렇게 말했다.

"말이나 글로 표현할 수 있는 모든 말 중에 가장 슬픈 말은 '그렇게 될 수도 있었는데'이다."

최선을 다하는 삶과 후회 없는 삶을 살아가야 한다. 우리들의 삶에 있어서 기회는 언제든지 찾아온다. 우리들의 삶은 하나도 최선, 둘도 최선을 다하는 것이다.

세계적으로 유명한 명산 에베레스트 산 등정에 성공한 등산가에게 신문기자가 물었다.

"이번에 에베레스트 산 정복에 성공하셨는데요. 에베레스트 산 정상에 올라가는 비결은 무엇입니까?"

이 말에 등산가는 이렇게 말했다.

"비결은 무슨 비결이 있겠습니까? 한 발자국 한 발자국 산 정상을 향해 올라가는 것입니다. 다른 비결은 하나도 없습니다. 그렇게 하면 산 정상에 올라갈 수 있습니다."

성공과 실패의 분기점은 분명히 있다. 성공하는 사람은 어딘가 다른 데가 있다. 첫째, 긍정적인 마음 둘째, 가능성을 찾아내는 눈이다. 이것이 바로 성공과 실패의 분기점이다.

우리는 가능성을 찾아야 한다. 가능성은 비전을 갖는 것이다. 가능성은 눈에 보이게 하는 것이다. 가능성은 마음으로 강력하게 원하는 것이다. 자신감을 지니고 앞으로 이루어질 일에 대하여 기대감을 지니고 끈기 있게 기다리며 실천해 나갈 때 분명하게 변화는 일어나게 된다. 시류에 따라 유행에 따라 상황에 따라 흔들려서는 안 된다.

우리는 부속품이 되어서는 안 된다. 자신의 삶을 부속품처럼 움직이지 말고 엔진이 되어 움직이게 하여야 한다. 그래야 인생은 살맛이 난다. 이런 말이 있다.

"아침이 오기 때문에 태양이 뜨는 것이 아니라. 태양이 뜨기 때문에 아침이 오는 것이다."

우리에게 필요한 것은 언제나 무엇보다도 자신이 변화되어야 세상도 변화가 된다는 것이다. 우리는 한 걸음씩 자신감을 지니고 꾸준히 자기 일을 해 나갈 때 가장 좋은 결과를 만난다.

그래 살자 살아보자

용혜원

그래 살자 살아보자

절박한 고통도 세월이 지나가면

다 잊히고 말 테니

퍼석퍼석하고 처연한 삶일지라도

혹독하게 견디고 이겨내면

추억이 되어 버릴 테니

눈물이 있기에 살 만한 세상이 아닌가

웃음이 있기에 견딜 만한 세상이 아닌가

사람이 사는데 어찌 순탄하기만 바라겠는가

살아가는 모습이 다르다 해도

먹고 자고 걷고 살아 숨 쉬는 삶에

흠 하나 없이 사는 삶이 어디에 있는가

서로 머리를 맞대고 열심히 살다 보면

눈물이 웃음이 되고

절망이 추억이 되어

그리워질 날이 올 테니

좌절의 눈물을 닦고 견디고 견디면서

그래 살자 살아보자

영국의 화가 터너는 수채화와 판화로 유명하다.

그의 대표적인 작품 가운데 하나인 〈해상의 폭풍우〉는 남다른 경험을 통해 그린 작품이다.

폭풍우가 몰아치는 어느 날 터너는 배에 올랐다. 갑갑한 화실에 틀어박혀서 폭풍우가 몰아치는 바다를 그릴 수가 없었기 때문이다. 그는 배를 잡아 삼킬 듯한 거센 풍랑과 싸우면서 휘몰아치는 폭풍을 직접 눈으로 확인하였다. 그런 후에 화실로 돌아와 폭풍우를 소재로 한 그림을 그렸는데, 그것은 이전의 어느 그림보다 훨씬 더 생동감이 넘쳤다고 한다.

이 세상에 어떤 일도 한순간에 이루려 한다면 그것보다 어리석은 일은 없다. 시간과 경험과 노력이 필요하다. 삶에 목표를 정하고 달려들어야 한다. 열정을 갖고 뛰어들어야 한다. 자신감을 지니고 자신의 열정을 불태우지 않는다면 그만큼 인생은 초라하게 느껴질 것이다. 자신 감을 지니는 것이 중요하다. 누구나 처음부터 잘 이루는 사람은 없다. 누구든지 초보자로 시작한다는 것을 알고 있다.

우리의 삶도 하나의 전투와 같다. 훌륭한 지휘관은 첫 전투를 가장 중요하게 여긴다. 왜냐 하면 첫 번째 전투에서 실패하면 부하들은 다음 전투에서도 패하게 될까 봐 전투에 힘쓰기보다는 먼저 살아남을 방법을 궁리하기 때문이다. 그렇기 때문에 첫 번째 전투에서 반드시 승리하려는 것이다.

그리고 그 전투의 승리는 훌륭한 지휘관의 목표이다. 우리는 우리의 삶의 지휘관이다. 자신감을 지니고 자신의 능력을 키워 삶이란 전투에서 날마다 승리하며 살아가야 한다. 젊은이들처럼 자신감이 강한 이들이 어디 있겠는가? 젊은이들이여! 자신감을 지니고 자신의 능력을 키워가라.

가난은 아픔이지만
아픈 상처를 고칠 수 있다

▷ ▷ ▷

나의 어린 시절은 가난했다. 정말 똥구멍이 찢어지도록 가난했다.
그 시절 우리나라 사람들은 모두 다 그렇게 살았다. 무엇 하나 제대로
있는 것이 없었다.

집은 산동네 무허가촌이었고 부모님과 오 남매가 늘 가난에 들볶이
며 살았다.

몸에서조차 가난의 냄새가 나는 것만 같았다. 그러나 가난했기에 하
나하나 극복하고 이루어 나가는 기쁨과 감동이 나에게 선물이 되어 찾
아왔다.

나는 어떤 어려운 상황에도 긍정적인 마음을 갖고 살기를 원했다.

그런 마음조차 없었다면 비극적이고 절망적인 상황에서 벗어날 수가 없었을 것이다.

아내와 만나 결혼을 하고 살던 때에도 너무나 가난했기에 아내의 친구들조차 "네 남편 전망 없다."며 이혼하라는 친구도 있었다. 그러나 모든 걸 극복하고 아내와 행복하게 살고 있다. 지금도 나는 새로운 해가 찾아오면 늘 말했다.

"올해는 잘 될 거야! 좋은 일이 있을 거야! 강의도 잘 들어오고 책도 쓰고 하고 싶어하는 일을 할 거야."

수십 년 동안 이렇게 말하고 살았더니 꿈은 정말 눈앞에 현실이 되었다는 것을 알게 되었다.

얼마 전에 강의하러 갔더니 중년 부인이 찾아왔다. 20년 전에 강의를 들었을 때 내가 말했던 그 꿈을 그대로 이루었다고 오늘 강의도 잘 듣겠다고 말해주는데 고마웠다.

나를 지켜보는 사람들이 있구나! 정말 열심히 살아야겠다는 생각을 더욱 더 강하게 했다.

삶은 실패할 수 있고 포기할 수도 있다. 삶은 결코 두 번 살지 않는다. 최선을 다하여 최대의 효과를 내야 한다. 성공한 사람은 성공한 만큼 실패를 많이 한 사람이다.

어려운 시기일수록 마음을 변화시켜야 한다. 윌리엄 차닝은 "실수와 패배는 전진하기 위한 훈련이다. 가장 위대한 성공은 수많은 위기와 실패를 통해 얻은 값진 성공이다."라고 말했다.

실패란 당신이 이제 패배자임을 뜻하지 않는다. 다만 당신이 성공하지 못했음을 의미한다. 실패는 당신이 아무것도 성취하지 못했다는 것을 의미하지 않는다. 다만 무엇인가를 새롭게 배웠음을 의미할 뿐이다.

실패는 당신이 열등하다는 것을 의미하지 않는다. 다만 완전한 존재가 아님을 의미한다. 실패는 당신이 포기해야 한다는 것을 의미하지 않는다.

다만 더 열심히 해야 한다는 것을 의미할 뿐이다. 실패는 당신이 인생을 낭비했다는 것을 의미하지 않는다. 다만 다시 출발해야 할 좋은 이유를 지녔음을 의미할 뿐이다.

훌륭한 야구 선수도 홈런을 친 숫자보다 삼진 아웃당한 숫자가 더 많다고 한다! 쓰러져도 벌떡 일어나는 오뚝이 정신, 강한 뚝심이 우리에게 필요하다.

가난

용혜원

가난은 싫었다

늘 제풀에 기가 죽어
숨어 사는 것만 같아
애달픈 입술만 깨물었다

기댈 곳도 없는데
올라가야 하는
언덕만 기다리고
숨차게 오르면
비탈길만 기다리고 있었다

살 내음마저 가난이었다

사계절 온도마다
늘 더 추웠다

늘 배고프고

외로움이 가져다주는

서러움에 등골까지 시렸다

온 세상이

다 구멍이 뚫렸는지

뼛속까지 바람이 물어왔다

얼굴빛에서 가난이 감돌고

손등에서 가난이 터져 나왔다

가난은 나에게

눈물의 맛을 알게 해주었다

꼴찌는
올라갈 길밖에 없다

▷ ▷ ▷

나는 꼴찌였다. 우리 집 가정 형편이 몹시 어려웠다. 부모님은 나를 학비가 안 들고 모든 것이 나오는 지금의 국악 중고등학교 (당시는 국악사 양성소)에 입학하게 하셨다. 음악에 소질이 전혀 없는 나는 6년 내내 고통과 절망 속에 지내야 했다.

가야금을 전공했으나 가야금을 뜨는 것이 아니라 내 가슴을 뜯었다. 말이 꼴찌지 중고등학교 6년 동안 꼴찌를 하면 선생님들이 가장 싫어하는 학생이 되고 학교 친구들 사이에도 자신감이 상실되고 만다.

그러나 어머니는 그런 나에게 용기를 주셨다. 나는 5남매 중에 셋째였다. 어머니는 나를 안아주시며 "이 엄마가 볼 때는 너는 이담에 크게 쓰임을 받을 것이다.”고 말씀하셨다.

나는 어머니에게 말했다.

“엄마! 내가 공부를 잘해요? 얼굴이 잘 생겼어요? 집안이 좋아요? 몸이 건강해요? 어떻게 큰 사람이 돼요?”

어머니는 채소 장사를 했기에 늘 손에서 채소 냄새와 흙이 묻어 있었는데 어머니는 그 손으로 내 엉덩이 세 번 때리시면서 말씀하셨다.

“엄마가 된다면 되는 거야 자식아!”

나이가 든 지금도 어머니의 말이 귓가에 쟁쟁하다. 부족하고 나약하고 초라한 아들에게 용기를 주시는 어머니의 말씀이었다. 지금 생각하면 어머니의 말씀대로 되었다.

나는 지금 시인이 되어 시를 쓰고 강의를 하러 다니고 있다. 그 당시라면 상상할 수 없는 일을 하고 있다. 어머니의 말씀이 현실이 된 것이다. 나는 꼴찌였기에 올라갈 길밖에 없었다. 노력하면 할수록 올라갔다.

새롭게 시도하기 전에는 무엇도 이룰 수가 없다. 무엇을 하여도 시련과 고통은 있다. 자신 속에 있는 잠재력이 노출되었을 때 엄청난 힘을 발휘하는 능력을 지니고 있다. 따라서 잠재력을 찾는 것은 미진한 부분을 개척하여 자기의 영역을 넓히는 것이다. 우리에게는 장점이 숨겨져 있을 때가 있다. 자신의 삶을 잘 개간할 때 놀라운 변화를 가져온다. 짐론은 이렇게 말했다.

"변화시키고 싶은 것이 있다면 당신이 변해야 한다. 그렇지 않으면 아무것도 변하지 않는다."

우리를 변화시킬 수 있는 놀라운 힘은 잠재력이다. 그러므로 잠재력을 나타내야 한다. 잠재력이란 밖으로 표력을 잘 발견하여 나타내는 것이다. 글도 마찬가지다. 우리에게 있는 잠재력을 나타내는 것이다. 나는 내가 하고 싶은 시를 쓰고 시인이 되었을 때 삶이 달라졌다. 절망의 그림자가 사라지고 희망이 찾아들었다.

미켈란젤로가 망치를 들면 놀라운 작품이 나오지만 범죄자가 망치를 들면 사람을 피투성이로 만든다. 우리에게는 누구에게나 자신의 삶이 있다. 이 삶이 바로 문학의 도구다. 삶을 걸작품으로 만드느냐 아니냐는 우리의 손에 달려 있다.

로댕에게 물었다.

"당신은 어떻게 이렇게 놀라운 작품을 만들었습니까?"

로댕은 말했다.

"대리석에서 필요 없는 부분을 떼어냈더니 이런 좋은 작품이 되었습니다."

우리도 필요 없는 것들을 떼어 내어 가야 한다. 우리의 삶이란 도구를 잘 사용하여 걸작품을 만들어가야 한다.

나는 꼴찌였기에 새로운 나를 찾아내려고 책을 많이 읽었다. 나는 15세 때부터 지금까지 약 오만 권 이상의 시집을 읽었다. 그리고 성경도 구약 칠백 번, 신약 삼천 번 이상을 읽었다. 나는 많은 경험을 통하여 삶이 달라졌다. 나는 시인이지만 아이의 출생부터 노년의 죽음까지 다 만나 볼 수가 있다.

그리고 갖가지 경험을 할 수 있다. 병원, 교도소, 정신병원, 창녀촌, 똥방동네, 시장통, 섬마을 등 인간이 머무는 곳을 이곳저곳 다 바라볼 수 있었기에 각 분야 사람들을 만날 수 있었다.

그리고 여러 곳을 여행하기에 많은 경험을 하였다. 운전하지 않고 대중교통을 이용하고 다니는 것도 사람들 속에서 삶을 느끼기 위해서다. 이 모든 것이 글을 쓰는 데 크나큰 도움이 되고 있다.

우리의 두뇌는 자꾸만 써야 발전을 한다. 언어를 연상하고 사건을 연상하고, 인물을 연상하고 어떤 장소를 연상하며 언어가 풍부해지고 연작시를 쓰는 데도 도움이 된다. 이미지 연상이 부족해지면 많은 시를 쓰더라도 언어의 부족을 심각하게 느낀다.

나는 습작 기간을 20년 가졌다. 15세 때 시를 쓰기 시작한 지 20년 후에 시집을 발간했다. 그리고 주변 사람들이 좋은 작품이라고 칭찬할 때 빠져들지 말고 계속해서 새로운 변화를 가지려 노력했다. 시인은 누구나 자신이 걸작품을 쓰고 있다고 착각할 수가 있다. 그러나 그것은 금물이다. 계속하여 새로운 작품을 써내려야 한다.

나의 삶은 온통 시속에 빠져 있다. 나에게는 때로는 모든 것이 시로 보인다. 나에게는 수도꼭지라는 별명이 있다. 틀면 시가 쏟아진다. 그 정도로 시 속에 빠져 살고 있고 빠져 있을 때 좋은 작품을 쓸 수가 있다.

사랑에 빠져야 멋진 사랑을 할 수가 있는 것처럼 시도 똑같다. 시인이 되려면 언어 구사 능력이 있어야 한다. 늘 사용하는 언어라도 새롭게 사용할 줄 알아야 한다. 새로운 변화를 주어야 늘 새롭게 시를 쓸 수가 있다.

이 모든 것은 땀 흘리는 노력이 있어야 하고 인내심이 필요하다. 꼴찌였던 나는 시인이 되어 시를 쓰고 있고 수많은 책을 집필하였다. 나는 앞으로도 계속해서 시를 쓸 것이다. 나를 뛰어넘기 위하여 시를 쓰고 강의를 하고 여행을 다닐 것이다.

PART 2

용서

먼저 용서의 손을
내밀어라

▷ ▷ ▷

용서를 할 수 있는 사람이 되자. 용서는 용서를 받은 사람만이 용서할 수 있다. 남을 용서할 줄 아는 사람은 자신의 삶을 의미 있게 살아가는 사람이다. 용서는 평화다. 용서는 진정한 자유다. 우리의 삶을 행복으로 인도해 주는 길이다. 용서는 예수 그리스도 십자가의 사랑처럼 신비롭다.

용서는 용서할 힘과 용기가 필요하다. 우리가 남을 먼저 용서하지 않는다면 용서는 멀리 달아나 숨어 버릴 것이다. 우리는 아주 작은 부분까지 자신이 알지도 못한 잘못이 있더라도 다 용서할 수 있어야 한다. 그리고 용서받아야 한다.

아치볼드 하트 제임스 톰슨은 이렇게 말했다.

"용서는 나를 해친 당신을 해칠 수 있는 나의 권리를 포기하는 것이다."

우리는 남을 해치는 권리보다 사랑할 수 있는 권리를 가져야 한다. 용서란 무엇을 의미하는가?

루이스는 이렇게 말한다.

"용서란 인간적인 공평함을 넘어서 절대로 넘어갈 수 없는 문제들을 너그럽게 용납하는 것이다."

용서는 죄의 책임에서 면제해주는 그 이상의 일이다. 용서는 나에게 해를 입은 사람, 상처를 준 사람을 마음의 올무에서 벗어나게 해준다. 용서하면 내 마음에 평화가 찾아온다. 용서하면 삶에 행복이 가득해진다. 용서는 우리의 마음을 모든 악한 감정에서 벗어나게 한다.

우리가 누군가를 용서해준다는 것은 그의 실수를 눈감아 주고 그것에 대해 생각하지 않는 것을 의미한다. 하지만 우리가 용서를 말할 때는 실패나 죄를 용납하는 데서 그치는 것이 아니라 죄인까지도 감싸주고 다시 일으키고 회복시켜 주는 것까지 말한다.

우리의 용서가 언제나 받아들여지는 것은 아니다. 화해의 손을 내밀 때 분노에서 벗어나게 된다. 깊은 상처 자국까지 없어지기를 바랄 수는 없지만 그 상처를 지니고 다른 사람에게까지 고통을 주는 일이 없게 된다.

용서하지 못하면 치명적인 정신적 고통을 당한다. 용서받지 못해도 마찬가지다.

왜냐하면 가슴에 풀지 못한 응어리로 남아 있기 때문이다. 이 세상에 용서하지 못할 일이 있겠는가? 따뜻한 마음으로 용서할 때 자신감이 생긴다. 용서는 진실하게 해야 한다.

정신병원에 입원한 환자들의 절반 정도는 그들이 진정으로 용서를 받았다는 것을 알면 퇴원할 수 있는 환자들이라는 임상보고가 있다. 용서를 행하거나 용서를 받는 일이 정신 건강에 있어서 얼마나 중요한 영향을 미치는가를 단적으로 설명해주는 것이다.

남모르는 죄책감이나 억울함으로 인해 갖가지 정신 질환에 시달리는 사람들에게는 더욱 그렇다.

용서를 받은 사람들, 용서할 줄 아는 사람들은 참 행복한 사람들이다. 윌리엄 아더 월드가 이렇게 말했다.

"우리가 무언가를 죽일 때는 마치 짐승과 같다. 우리가 누군가를 판단할 때는 사람 같다. 우리가 누군가를 용서할 때는 하나님 같다."

관심

용혜원

늘 지켜보며
무언가를 해주고 싶었다

네가 울면 같이 울고
네가 웃으면 같이 웃고 싶었다

깊게 보는 눈으로
넓게 보는 눈으로
너를 바라보고 있다

바라보고만 있어도 행복하기에
모든 것을 포기하더라도
모든 것을 잃더라도
다 해주고 싶었다

용서란 참으로 대단한 일이다. 삶을 성숙하게 하고 새로운 변화를 일으킨다.

자신을 항상 먼저 용서할 수 있는 마음을 준비해야 다른 사람을 용서할 수 있다. 미움을 용서하지 않으면 절대로 다른 사람을 용서할 수 없다.

용서한다는 것은 의식적인 결단을 통해 증오하는 행위를 멈추는 것을 의미한다.

나와 다른 사람을
인정하기

▷ ▷ ▷

우리는 살아가면서 수많은 사람과 대인관계를 맺으며 살아간다. 살아가면서 다양한 사람들과 다양한 인간관계를 맺음으로 기쁨, 슬픔, 분노, 즐거움이 뒤섞여 나타난다.

인간관계를 이루어감에 있어서 우리는 진실하기를 원하며 우리의 삶을 아름답게 꾸며 줄 좋은 인연을 맺고 싶어한다. 이러한 인간관계의 기본은 어떻게 사람을 사귀느냐에 따라서 달라진다.

우리의 인간관계는 어떠한가? 우리는 배우자 혹은 친구, 직장 동료들과 좋은 인간관계를 유지하고 있는가? 그렇다면 우리는 다음과 같은 행동을 하지 않을 것이다.

칭찬하기보다는 비방하기, 무분별한 말을 하기, 남을 무시하기, 남에게 상처를 주는 농담하기, 경청하지 않음, 잘못한 것을 인정하지 않음, 무례함, 남의 의견을 얕잡아 보기, 이런 행동은 대인관계를 파괴하고 과거의 상처를 치유하는 데 방해가 될 것이다.

존 밀튼 포그는 이렇게 말했다.

"인생은 험난한 노정이다. 도전은 그대를 괴롭혀 먼지 속에 사라지도록 하는 것이 아니라 반짝반짝 윤을 내 찬란한 보석이 되게 하는 것이다."

사람은 인간관계 속에서 이루어진다. 사람들과의 관계가 잘 이루어지지 않으면 아무것도 할 수 없다. 누구를 어떻게 만나느냐가 중요한 것이다. 우리의 삶은 만남으로 이루어진다.

우리의 삶에서 웃을 일에 웃는 사람은 건강한 사람이다. 웃지 않을 일에 웃는 사람은 실성한 사람이다. 울어야 할 일에 우는 사람은 인격자이다. 울지 않아야 할 일에 우는 사람은 어리석은 사람이다.

우리가 어떤 사람을 향해 친절하게 웃는다면 상대방도 웃음으로 화답할 것이다. 하지만 우리가 어떤 사람에게 성내고 짜증을 낸다면 그도 짜증을 내며 이에 대응할 것이다. 이것은 바로 인간이 지닌 회귀성 때문이다.

만약 누군가에게 선행을 베풀었다면 그 선행은 반드시 어떠한 보답의 형태로든 되돌아오며 악행을 저질렀다면 그것은 어떠한 형태로든 다시 되갚음으로 돌아온다. 감정도 마찬가지다. 상대에게 좋은 감정을 가지고 호의를 보인다면 상대 역시 호의를 보내지만 반대로 어떤 사람은 이유 없이 싫어한다면 호의를 기대하기란 어렵다.

인간관계를 잘하는 것은 정서 표현을 잘하는 것이다. 정서를 잘 표현하는 것은 타인과의 관계에서 상대방 권리를 침해하거나 상대방을 불쾌하게 하지 않는다. 다른 사람과 바른 인간관계를 맺어가면서 자신의 욕구나 생각 등을 나타낸다. 정서 표현을 제대로 할 줄 아는 사람은 바로 인간관계의 기술이 뛰어난 사람이다.

우리는 살아가면서 아주 많은 사람을 만나게 될 것이다. 인간관계를 더욱 친밀하고 돈독하게 만들기 위해서 정성을 쏟아부어야 한다. 우리는 시간을 들여서 의미 있고 중요한 것들을 함께 이루어 나가야 한다. 사람들은 상대방을 더 깊이 알게 되면서 친구가 된다. 우리에게는 누구나 좋은 친구가 있고 그들은 모두 우리에게 소중한 사람들이다.

편안함을 주고 힘을 북돋아 주고 창조력을 자극해 줄 수 있는 사람들과 더 많은 시간을 보내야 한다. 우리가 대인관계를 제대로 하지 않으면 시들해지고 변화가 없어진다. 보다 나은 관계를 위하여 일을 만들고 추진하여 나가야 한다.

상대방의 마음을 움직이려고 한다면 상대방의 마음을 정확하게 파악할 줄 알아야 안다. 대화할 때 대답하기 쉬운 것부터 시작하여 얻고자 하는 정보까지 차근차근하게 대화의 유도를 잘 할 줄 알아야 한다. 상대방을 비판하려 들지 말고 잘 받아들일 줄 알아야 한다. 예의를 갖추어 말하고 격려와 조언과 동의 등으로 상대방의 마음을 사로잡을 줄 알아야 한다.

우리가 날마다 승리를 거두기 위해서는 목표를 가지고 언제나 큰 경기에서 승리를 얻기 위해서 싸우는 것처럼 나날을 보내야 한다. 우리의 모든 에너지를 우리의 목표를 향하여 우리의 이상을 향하여 쏟아 넣도록 해야 한다.

말 한마디에서
시작되는 기적

▷ ▷ ▷

1960년 초에 세계에서 최고로 높은 산인 에베레스트 산을 정복하려 다 실패한 청년들이 다시 이 산을 정복하기로 하였다. 그때 그들은 에 베레스트 산 등정을 떠나기 전에 심리학자들 몇 사람과 인터뷰를 가진 적이 있었다. 그때 한 심리학자가 다시 에베레스트 산을 정복하러 떠 나가는 청년들에게 물었다.

"당신들은 이번에 그 산을 정복할 수 있다고 믿습니까?"

한 청년이 "그렇게 됐으면 좋겠네요!"라고 말했고, 또 다른 청년이 "한 번 해보겠습니다!"라고 대답했다. 그다음에 짐 워드라는 청년이 옆 에 있다가 이렇게 말했다.

"나는 할 수 있습니다!"

1963년 5월 1일 짐 워드는 네 명의 친구들의 목숨을 그 산길에 파묻고 홀로 8,880미터의 에베레스트 정상에 미국의 성조기를 꽂았다.

우리는 쓸데없이 이 궁리, 저 궁리하지 말고 첫걸음을 제대로 내릴 수 있다면 성공은 이미 시작되어 가는 것이다. 우리의 잠재력을 개발하여 능력을 다 나타낼 수 있어야 한다.

가장 중요한 것은 나는 할 수 있다는 마음을 가지고 움직이는 것이다. 마음의 여유를 가지고 잘못된 습관을 버리고 새로운 길을 열어나가야 한다.

길거리에 나가 사람들을 보면 같은 방향으로 가는 사람들도 각각 다른 길을 가는 것이다.

우리에게 슬럼프가 찾아올 때가 있다. 그때 지혜롭게 극복해 나가야 다시 힘을 내어 도전할 수 있다. 위기가 없이는 아무런 발전도 없다.

위기 앞에서 포기하면 최악의 삶을 살지만 오히려 위기를 자기 변화의 기회로 삼고 변화의 기회를 맞이한다면 내게 주어진 환경이 아무리 힘들더라도 가장 좋은 기회로 다가온다.

위기는 나 자신을 알아보는 시간이다. 마음을 강하게 하는 데는 우리가 당하는 시련과 역경이 중요한 역할을 한다. 무엇이든 부정적으로 보느냐 긍정적으로 보느냐가 중요하다. 우리에게 다가온 시련이나 역경을 부정적으로 보면 저주가 되고 긍정적으로 보면 축복이 된다.

다가오는 고통 속에는 뜻이 있다. 그것은 어쩌다 우연히 던져진 상황일 수는 없다. 우리에게는 어떤 환경, 어떤 고통, 어떤 슬픔도 그냥 다가온 것이 아니라 이 고통을 통하여 우리에게 새로운 힘이 생겨남을 알아야 한다.

우리의 문제는 무엇을 가지고 있느냐가 아니라 우리가 가진 것으로 무엇을 하느냐는 것이다. 우리는 남이 하는 것을 구경만 하며 부러워하거나 좋아하지만 말고 해야 할 일 속으로 뛰어들어야 한다.

우리들의 생각을 '할 수 없다'가 아니라 '할 수 있다'는 생각으로 바꾸어야 한다. 그러면 할 수 있는 사람이 된다. 그러나 반대로 나는 할 수 없다는 사람이 되면 할 수 없는 사람이 되고 만다. 우리는 항상 우리에게 닥쳐오는 모든 것들을 긍정적으로 보고 기회로 삼아야 한다.

한 번도 실패하지 않은 사람은 교만과 자만과 오만의 늪에 빠져 더 좋은 것을 향해 도전하지 못한다. 우리는 쓰라린 실패를 맛봄으로 생각과 행동에 변화를 일으키고 실패를 "나는 할 수 있다!"는 능력으로 바꾸어 나가는 획기적인 마음가짐을 지닐 필요가 있다.

부커 워싱턴도 "할 수 있다!"고 말하며 도전하여 성공한 사람이다. 그는 대학 교육을 받아야겠다고 생각하였다. 흑인을 받아들이는 대학이 있다는 소식을 듣게 되었다. 몇 백 마일이나 걸어서 그 대학을 찾아갔다. 그러나 대학에는 이미 정원이 채워졌다는 말을 들었다.

하지만 그는 포기하지 않았다. 끈덕지게 학교에 있기를 원해서 학교 당국은 그에게 마루 청소, 침대 만들기, 유리창 닦기 등을 하였다. 그 후 그는 학생으로 대학교에 들어갈 수 있었다. 그는 상황을 포기하지 않고 할 수 있다는 생각으로 도전했다.

부커 워싱턴은 어떤 일을 할 때는 성공하려고 700번 이상 도전해 실패하였다.

그는 잘못된 방법이 700번 이상 계속 되는 것을 알았다. 그는 포기하지 않고 할 수 있다는 생각으로 다시 도전해 드디어 성공하였다.

나는 할 수 있다는 열정이 있는 노력 앞에는 그 어떤 것도 당해내지 못한다. 우리도 언제나 큰일을 해낼 수 있다. 삶 속에 성취감을 얻을 때는 과연 얼마나 될까? 성취하여 감동을 느낄 때보다 힘들고 어려워 포기하고 싶을 때가 많았을 것이다. 어떤 일이든 가장 힘이 들고 견디기가 어려울 때는 바로 그때가 뜻을 성취하는 시간임을 알아야 한다. 그 시간에 포기하면 아무것도 이룰 수가 없다.

우리가 늘 "나는 할 수 있다!"고 외치면 그 말의 능력을 통해서 우리의 삶은 달라지고 성공을 만들어 갈 수 있다.

천재는 노력하면 된다. 노력 없이는 천재가 될 수 없다. 자신의 머리만 믿고 노력하지 않으면 아무리 천재라도 둔재가 된다. 그러나 노력하면 천재가 된다. 항상 우리에게 주어진 삶을 우리에게 주어진 기회로 삼고 긍정적으로 나아가면 성공을 이루어 내고야 말 것이다.

말에는 세 가지의 놀라운 능력이 있다.

1. 말에는 각인력이 있다.

어느 대뇌학자는 뇌세포의 98%가 말의 지배를 받는다고 발표한 적이 있다. 어떤 사람이 매일 5분씩 다음과 같이 외쳤다.

"나는 위대한 일을 할 수 있다. 나는 내부의 위대한 가능성을 간직하고 있다. 나는 아직도 발휘하지 않은 가능성을 간직하고 있다."

2. 말에는 견인력이 있다.

말은 행동을 유발하는 힘이 있다. 말하면 뇌에 박히고 뇌는 척추를 지배하고 척추는 행동을 지배하기 때문에 내가 말하는 것이 뇌에 전달되어 행동을 이끌게 된다.

3. 말에는 성취력이 있다.

말에는 견인력을 넘어 성취력이 있다. 어떤 사람이 자신이 하고 싶은 일을 종이에 써서 그것을 되풀이해서 읽는 동안 성공할 수 있는 동기 부여가 되었다고 한다.

할 수 있다고 외치는 동안 자신감이 생기고 놀라운 힘이 일어나게
된다.

나와 생각이 다른 사람
설득하기

▷ ▷ ▷

현대 사회는 모든 것이 설득 속에서 이루어진다. 인간관계도 리더도 설득하지 못하면 실패한다. 현실의 삶은 설득하느냐? 설득당하느냐의 삶이다. 자신 있게 설득해야 한다. 설득이란 무엇인가? 사람의 마음을 움직이는 것이다. 자신이 원하는 것 곧 자신의 요구를 상대방이 잘 들어주도록 만드는 것이다.

설득을 잘 하기 위하여 어떻게 대화를 나눌 것인가? 설득을 잘 하기 위한 화술의 원칙과 방법이 있어야 한다. 상대방에게 자신이 무엇을 원하는지 분명하게 말해야 한다. 설득은 상대방의 마음을 아는 데서 시작한다. 자신감이 있으면 상대방을 잘 설득할 수 있다. 상대방 마음을 잘 꿰뚫어 볼 수 있는 것은 능력이다.

설득도 설득하면 할수록 더 잘 된다. 실제로 하지 않으면 잘 될지 안 될지 알 수가 없다. 어떤 사람이든지 잘 설득할 수 있어야 협상에 나설 수 있다. 이 세상에 쉬운 일이 어디에 있는가? 해보지도 않고 두려워하는 사람처럼 어리석은 사람은 없다.

사람을 잘 설득할 수 있으면 대화에 자신감이 생긴다. 설득은 사람을 상대로 한다. 사람들은 누구나 감정을 지니고 있다. 이 감정을 기분 좋게 건드려 주고 이해하도록 만들어주면 마음이 움직이기 시작한다. 감성을 기분 좋게 건드려 주어야 다음에도 마음의 문을 열고 다가온다. 사람과 사람이 얽혀 사는데 기분 좋은 마음을 심어주어야 한다.

설득을 잘 하려면 원칙에 충실해야 한다. 지금 이 상황을 어떻게 이끌어야 하는가를 스스로 판단해야 한다. 자신의 마음속으로만 설득해야 한다고 해서는 안 된다.

상대방에게 온 마음을 다하여 표현해야 한다. 설득을 잘 하려면 설득을 특별한 일이라고 생각하고 자연스럽게 대화를 풀어가야 한다. 그러면 뜻밖에 일이 잘 이루어질 때가 많다. 지금 설득하고 있다는 인상을 주면 상대방은 마음의 문을 열려고 하지 않는다.

설득을 잘하면 인간관계를 잘 형성할 수 있다. 상대방의 마음을 사로잡고 이해를 통하여 좋은 관계를 유지해야 한다. 제대로 이해하고 행동하도록 부추겨 주면 된다.

누구나 처음 대화할 때 상대방에게 경계심을 갖게 된다. 말을 걸어오는 것만으로도 무슨 말을 할까 긴장하기 마련이다. 사람의 마음은 불안하면 움직이지 않는다.

웃음을 잃지 않으면 대부분 그 사람에게 호감을 지닌다. 웃는 얼굴은 상대방을 안심시키게 만들어준다. 사람들은 불안을 주는 사람을 경계하고 다가가지 않으려 한다. 그러므로 친근감을 지니도록 만들어야 한다.

먼저 말을 하고 웃는 얼굴로 말을 해야 한다. 설득을 잘 하면 자신감을 갖는다. 대화를 나눌 때 일방적으로 말하면 상대방을 설득할 수 없다. 말하는 것과 듣는 것을 잘 조화시켜야 한다. 말만 잘하는 사람은 상대방의 마음을 알지 못하고 혼자 떠들어대기에 설득을 잘 할 수 없다.

일방적으로 혼자 말하면 상대방은 반발하고 의욕을 상실시키고 마음을 닫는다. 상대방의 말을 잘 들어주어야 상대방의 마음을 움직일 수 있다. 상대방의 처지를 잘 알아주어야 한다.

그리고 상대방의 말을 적극적으로 들어 주어야 마음을 움직일 수 있다. 진실하게 말하면 상대방을 움직일 수 있다. 최선을 다하고 있다는 것을 상대방이 알 수 있다.

설득을 잘 하려면 상대방에게 자신이 말하는 이유를 잘 말해야 한다. 상대방의 눈에 보이듯이 실감 나게 말하는 것도 중요하다. 핵심을 잘 짚어 한마디로 깨닫게 하는 것도 설득의 기술이다. 알고 싶은 것을 알게 해주고 어떻게 하면 좋은 방법인지 알려 주는 것도 중요하다. 설득하려면 상대방의 말을 잘 들어 주어야 한다.

사람을 설득할 수 있으면 그만큼 자신도 대화에 성숙할 수 있다. 설득을 잘하면 주변 사람들에게 인정받고 사람의 마음을 읽어줄 수 있어 인간관계가 좋아지고 마음이 넓어진다.

설득할 때 자신의 능력만 일방적으로 믿고 잘난 척하며 상대방을 깔보는 사람은 누구나 싫어한다. 아무리 능력이 있어도 사람들에게 미움을 받으면 어떤 일도 할 수 없다. 그러면 설득도 거절당한다.

상대방을 진심으로 대하고 사랑하는 마음을 가져야 한다. 자신의 호의가 상대방에게 전달되어야 좋아한다. 남을 좋아하기가 그리 쉽지가 않다. 사람에게는 누구나 단점이 있다. 상대방에게 완벽을 원하면 원할수록 불만이 보일 수가 있다.

사람과 사람이 서로 얽혀 사는 이 세상에서 가장 중요한 것은 사람들에게 좋은 인상을 심어주는 것이다. 설득이 잘 안 될 때는 순간적인 대응을 잘해야 한다.

상대방의 마음을 파고드는 말 한마디도 중요하다는 것이다. 상대방

앞에서 긴장하지 말아야 한다. 상황을 잘 파악하고 긍정적으로 받아들이도록 유도를 잘 해야 한다. 우리의 삶에는 아직도 이해하기 어려운 문제나 설명들이 많다. 이러한 문제들 때문에 설득하기 어렵다는 생각을 다 던져 버려야 한다.

자신 있게 남을 설득하라. 설득을 잘 하면 무슨 일이든지 잘 할 수 있는 용기가 생긴다. 삶에 자신감이 더 놀랍게 생겨난다. 설득을 잘하면 능력 있는 삶을 살 수 있다.

설득을 잘하면 사람과 사람 사이의 거리감을 좁혀 준다. 메마른 마음들을 촉촉하게 적셔주는 역할을 한다. 만나고 싶은 사람들과 만나 한바탕 떠들고 나면 마음이 후련해진다.

대화는 유연한 감성을 만들어주고 삶을 살고픈 마음을 만든다. 대화로 서로를 신뢰하고 진심 어린 따뜻한 마음을 주고받아야 한다.

웃음의 효과는
생각보다 탁월하다

▷ ▷ ▷

이 땅에 존재하는 모든 만물 중에 사람들만 웃고 살아간다. 웃음은 곧 행복을 표현하는 방법이다.

요즘 사람들이 웃음이 부족하다고 한다. 그러나 좀 더 넉넉한 마음을 가지고 힘차게 웃을 수 있다면 모든 일에도 능률이 오를 것이다.

유쾌한 웃음은 어느 나라를 막론하고 건강과 행복의 상징이라고 한다. 여섯 살 난 아이는 하루에 300번 웃고 정상적인 성인은 하루에 17번 웃는다고 한다. 어른들은 체면 차리려고 하기에 제대로 웃지 않는다.

웃음은 좋은 화장이다. 웃음보다 우리들의 얼굴 모습을 밝게 해주는 화장품은 없다. 그리고 웃음은 생리적으로 피를 잘 순환시켜 주니 소화도 잘 되고 혈액순환도 물론 잘 된다.

우리들의 삶은 짧고도 짧다. 웃을 수 있는 여유가 있는 사람이 행복한 사람이다. 남에게 웃음을 주는 사람은 자신은 물론 남도 행복하게 해주는 사람이다. 신나게 웃을 일들이 많이 있으면 더욱 좋을 것이다. 하지만 스스로 만들어 가는 것이 중요하다.

우리는 누구나 행복한 삶을 원하며 살아간다. 행복은 우리들의 얼굴에 나타난다. 행복한 사람은 웃음이 있는 삶을 살아가기 때문에 행복하다.

윌리엄 제임스는 "기쁘니까 웃는 것이 아니라 웃으니까 기뻐진다."고 했다. 우리들의 삶에 늘 어려움이 다가오지만 미소 지을 수 있는 여유가 필요하다. 행복은 행복을 원하는 사람들에게 찾아온다.

웃음에도 몇 가지 종류가 있다. 빙그레 웃는 미소가 있고, 입을 크게 벌리고 웃는 파안대소가 있다. 그리고 얼굴 전체가 웃음의 꽃 바다로 변하는 홍소가 있고 큰소리를 내며 통쾌하게 웃는 폭소가 있다. 이것은 모두가 행복한 웃음이요 축복의 웃음이다. 사람들은 기뻐할 때, 사랑할 때, 행복할 때 웃는다.

한 번 멋지게 웃어 보면 행복한 마음이 될 것이다. 우리는 때때로 별스럽지 않은 일들 때문에 슬퍼하고 고뇌하고 실망하고 짜증을 낸다.

나중에 생각하면 별 것 아닌데도 말이다.

웃으며 살아가자. 우리는 흐린 날보다 환하게 맑고 푸르른 날을 좋아한다. 물론 때로는 비 오는 날을 좋아하는 감상적인 마음도 있지만 맑고 푸르른 날은 마음까지 환하게 느껴진다. 우리들의 모습도 마찬가지다. 사람들의 얼굴에는 그 사람의 삶의 모습이 나타난다.

"얼굴이 삶의 외교관 노릇을 한다."는 말도 있다. 우리들의 얼굴을 밝은 표정으로 바꾼다면 자신도 다른 사람들도 행복하게 할 수 있다. 누구나 금방이라도 쏟아질 것 같이 잔뜩 찌푸린 모습을 좋아할 사람은 없다.

성난 사자 같은 얼굴이라든가 무언가에 쫓기는 듯한 자신감이 없고 비열한 모습은 결코 아무에게도 호감을 주지 못한다. 우리들의 얼굴이 오늘의 우리들의 삶의 모습을 보여주고 있다. 얼굴은 곧 우리들의 삶의 화면이다. 화면조정을 잘하자.

우리들의 얼굴은 모든 감정을 잘 나타내고 있다. 감정을 있는 대로 다 발산하고 산다면 인간이 아니라 동물과 다름이 없다. 동물들은 자기가 하고 싶은 대로 살아간다. 우리는 인간이다. 고귀한 만물의 영장이다. 그러므로 우리는 감정을 다스릴 줄 알고 자신의 표정을 잘 표현할 줄 알아야 한다.

웃는 모습과 성난 모습과 짜증 내는 모습 그리고 우울한 모습을 거울을 보고 만들어 보라. 어떤 표정이 더 아름다운가? 우리들의 표정을 밝게 하기 위해서는 자신감 있게 살아야 한다.

우리들의 모습으로 인해 행복할 사람이 있어야 한다. 욕심과 허영에 사로잡힌 삶을 살아간다면 표정이 밝을 수가 없다. 거짓과 욕망이 가득하다면 그것도 마찬가지다. 우리들의 삶이 순수할 때 우리들의 모습은 더욱 아름다워질 것이다.

우리는 삶의 밭을 가꾸는 정원사와 같다. 우리들의 삶을 잘 가꾸자. 잘 가꾸면 가꿀수록 우리들의 얼굴에 그 모습이 나타난다. 사람들의 얼굴은 직업에 따라 환경에 따라 성격에 따라 바뀐다고 한다. 우리들의 얼굴은 바른 삶을 살아감에 따라 더욱 밝고 아름다운 모습으로 변해가야 한다.

우리가 힘 있고 바른 젊은이라면 밝은 표정으로 살아가자. 자신의 밝은 모습은 자신이 바라보아도 좋다. 우리들의 화면인 얼굴을 조정하며 살자. 한 번 신나게 웃으면 10분 이상 운동한 효과가 있다고 한다. 행복한 모습으로 살아가는 것도 축복이다.

배꼽과 웃음과는 많은 관계가 있다. 배꼽 하면 사람들은 웃음을 떠올린다. 그래서 재미있는 일이 있으면 배꼽과 연관 지어서 말한다. "배꼽 잡았다. 배꼽이 터졌다. 배꼽 쥐었다. 배꼽이 늘어났다." 등 갖가지로 웃음이 있는 삶을 표현하고 있다.

웃음은 삶의 윤활유이고 활력소를 준다. 요즘 유머 있는 남성이 결혼 1순위라는 것을 보아도 웃음이 절실하게 요구되는 것을 잘 알 수 있다. 웃음은 사람들의 행복을 표현하기 때문이다.

배꼽은 사람의 몸의 중앙에 위치한다. 그러므로 중심이 행복하면 삶이 더 행복해지기 마련이다. 날마다 배꼽이 변화될 정도로 웃음이 터지는 일이 있으면 우리들의 삶에는 더 따뜻함이 흘러내릴 것이다.

어느 강연회에서 일어난 일이다. 강사가 어찌나 유머를 계속해서 풀어내는지 청중이 배꼽을 쥐어 잡았다. 단 한 사람도 웃지 않은 사람이 없었다. 강의가 끝나자 사회자가 나오더니 이렇게 광고를 했다.

"여러분 지금 강연장 바닥에 여러분 배꼽이 수두룩하게 빠져 있습니다. 그러니 찾아가실 분들은 옷핀이나 바늘을 꺼내어 떨어져 있는 배꼽들을 콕콕 찔러 보십시오. 그러다가 여러분 입에서 '아야'하는 소리가 나오는 배꼽이 있으면 얼른 배꼽을 여러분 배꼽 자리에 찾아 넣고 가시기 바랍니다!"

사람들은 또다시 웃고 말았다. 웃을 일이 많이 있었으면 좋겠다.

어느 책에 보니까 배꼽은 누워서 감자를 멋을 때 소금을 넣어두고 찍어 먹기 위해서 만들어 놓은 것이라고, 배꼽은 창조주가 창조할 때 익었나 안 익었나 (감자나 고구마가 익었나 안 익었나 찔러보는 것처럼) 찔러

본 것이라는 것이다.

　날로 개인화되고 삭막해져만 가는 세상에 나도 웃을 수 있고 남에게 웃음을 줄 수 있는 유머 하나둘쯤 준비해서 잘 쓸 수 있다면 우리들의 삶은 곳곳에서 배꼽을 줍는 일이 일어나 모두 다 행복해질 것이다.

　아침에 일어나서도 웃음으로 하루를 시작하자. 잠들기 전에도 웃으면서 잠이 들자. 웃음은 우리들의 삶을 행복하게 만들어준다.

타인에게 친절할 수 있는
여유를 가져보자

▷ ▷ ▷

친절에서 피어나는 꽃은 웃음이다. 티 없이 맑고 환한 웃음은 타인을 행복하게 해주고 자신도 행복하게 만들어준다. 친절한 사람의 모습에는 언제나 웃음꽃이 피어난다. 그러므로 친절은 얼굴 모습에서 나타난다고 할 수 있다.

친절한 사람인지 아닌지는 얼굴에 나타난다. 인상을 찌푸리고 퉁명스러운 사람은 친절하지 못하다. 얼굴에 웃음이 있고 밝은 표정인 사람은 역시 친절하다.

어떤 남자가 사업에 실패하고 낙심을 하여 자살을 결심하고 차를 몰고 나갔다고 한다. 딴생각을 하는 바람에 그만 가벼운 접촉사고를 내고 말았다. 서로의 차에는 별 이상이 없었다. 상대방은 여성이었다. 그 여성은 차에 문제가 없자 가볍게 웃음을 보이며 손을 흔들고는 차를 운전해서 갔다.

자살하려는 마음을 먹었던 이 남자는 접촉사고를 내며 걱정하는 자기 모습과 상대방 여성의 미소를 떠올리고는 자살을 포기하고 돌아와 새롭게 삶을 살기 시작했다는 것이다.

웃음 속에 나타난 친절이 때로는 사람의 삶을 전혀 다른 방향으로 바꾸어 놓는다.

얼굴에 웃음을 띨 수 있는 여유가 있는 사람은 삶도 성공적으로 살아간다. 그러므로 우리는 친절을 나타내기 위해서도 행복한 얼굴을 만들어 가야 한다.

사람을 판단할 때 가장 중요한 것은 그 사람의 얼굴에 나타나는 빛깔과 느낌이다. 얼굴이 밝게 빛나고 웃음이 가득한 사람은 성공할 수 있다. 얼굴이 어둡고 늘 찡그리는 사람은 쉽게 좌절을 한다.

마음이 밝으면 얼굴도 밝다. 이는 행복한 삶을 살고 있다는 증거이다. 친절은 웃음 곧 미소에서 이루어진다. 어떤 책에 이런 이야기가 쓰여 있었다.

"미소는 아무런 대가를 치르지 않고도 많은 것을 이루어 낸다. 미소는 받는 사람의 마음을 풍족하게 만든다. 주는 사람의 마음을 가난하게 만들지는 않는다. 미소는 순간적으로 일어나지만 미소의 기억은 영원히 지속한다. 미소 없이 살아가야 할 만큼 가난한 사람은 없다."

미소는 지친 이에게는 태양이며 모든 문제를 해결하는 묘약이다. 그러나 미소는 살 수도 없고 구걸할 수도, 빌리거나 훔칠 수도 없다. 왜냐 하면 미소는 누군가에게 주기 전에는 아무 쓸모가 없기 때문이다.

한 왕자가 있었다. 그는 세상에서 제일 아름나운 손을 가진 처녀와 결혼하겠다고 늘 말을 하고 다녔다.

신하들은 자기 딸을 왕자와 결혼시키기 위해 딸의 손을 곱게 하려고 온갖 수단과 방법을 다 동원했다.

어느 날이었다. 한 아름다운 소녀가 아파서 어쩔 줄 모르고 있는 불쌍한 말을 보았다. 말은 살려 달라고 소리를 치며 소녀에게 도움을 청하는 것만 같았다.

소녀는 흠 없고 보드라운 자기의 손을 보았다. 그러나 소녀의 고운 마음씨는 자기의 손만을 생각지 않고 발버둥을 치는 말을 살펴본 다음 발에서 가시를 빼주었다.

소녀가 이 일을 마치자 그만 손이 피투성이가 되고 여기저기 상처가 생기고 말았다. 이 소문을 전해 들은 왕자는 사람을 보내 그 소녀에게 청혼을 하였다. 사랑이 가득한 친절한 여성의 손이 제일 아름다운 손이었기 때문이다.

어떤 사람은 백화점에 갈 때 꼭 백화점 오픈 시간에 간다고 한다. 왜 냐면 밝고 환한 모습으로 인사하는 백화점 직원들을 보며 쇼핑을 하면 한결 행복하다는 것이다.

가정에서도 직장에서도 친구들 사이에서도 마찬가지다. 역시 친절 하고 웃음이 있는 사람들이 인기도 좋고 함께 하고 싶은 사람들이다.

이것은 바로 친절에서 피어나는 웃음이라는 꽃 때문이다. 웃음과 행 복은 전염성이 있다. 내가 다른 사람에게 친절히 대하고 웃음을 던지 면 그 사람도 다른 사람에게 그 행복을 전염시킨다.

친절은 우리에게 꼭 필요한 삶의 모습이다. 친절하지 않은 사람들은 대부분 매사가 부정적이고 비난을 일삼고 비관적으로 살아가는 사람 들이 많다.

그러나 친절한 사람은 성격이 부드럽고 모든 일에 긍정적이고 꿈이 있다. 같은 삶을 살면서도 밝게 살아가는 사람이 있고 어둡게 살아가 는 사람이 있다. 그것은 바로 친절과 웃음에서 비롯된다.

우리는 살아가면서 친절한 사람을 만나면 기분이 좋아진다. 그렇다 면 우리가 스스로 친절한 사람이 되어야 한다. 그러면 가정도 사회도 더 밝아지고 범죄도 그만큼 사라지고 서로 신뢰하는 삶을 살아갈 것 이다.

우리가 여행할 때도 가이드가 친절하면 그 여행이 보람도 있고 여운도 더 남는다. 우리들의 삶도 여행이다.

남에게 친절을 요구하기 전에 나부터 친절해진다면 다른 이들도 우리를 친절하게 대해 줄 것이다.

친절한 사람은 웃음과 유머가 있고 마음의 여유가 있다. 유머는 삶을 부드럽게 할 뿐 아니라 사람과 사람 사이의 간격을 좁혀 주기 때문이다. 웃음과 유머는 인간이 가진 최고 처방 약이라고 한다. 웃음은 자신뿐만 아니라 주변을 변화시킨다. 임어당은 이렇게 말했다.

"유머의 중요성을 잊어서는 안 된다. 유머는 우리 문화생활의 내용과 성질을 바꾼다. 현대인은 매사를 너무 심각하게 생각한다."

친절한 사람은 남을 칭찬하는 것을 아끼지 않는다. 남을 칭찬해주면 자신의 마음도 편안하다. 친절과 칭찬은 대인관계를 부드럽게 해준다. 칭찬을 받는 사람은 자신을 칭찬한 사람을 역시 칭찬하고 친절하게 대한다.

우리가 행한 모든 것들은 그대로 우리에게 되돌아온다. 남을 칭찬할 때도 다섯 가지 방법으로 칭찬하면 좋다.

첫째, 눈에 보이는 것부터 칭찬한다.

둘째, 잘한 부분부터 칭찬한다.

셋째, 비교하면서 칭찬한다.

넷째, 거듭 칭찬한다.

다섯째, 부수적인 것까지 칭찬한다.

칭찬을 받은 사람은 자기의 능력 이상을 발휘한다. 그리고 친절과 칭찬을 아끼지 않은 사람도 역시 엔돌핀이 돌고 자신의 삶에 자신감과 확신이 선다.

우리는 시시하게 살아서는 안 된다. 남에게 여유롭게 대하면 자신의 삶에도 여유가 생긴다. 길을 가르쳐 달라고 할 때도 친절하지 않은 사람은 퉁명스럽게 말한다.

"쭉 가서 쭉 가면 거기가 나옵니다."

무슨 소리인지 알 수가 없다. 그러나 친절한 사람은 웃음을 띠며 자세하게 찾아가기 쉽게 설명해주는 것을 알 수 있다.

우리들의 삶도 길이다. 때로는 모르는 길을 갈 때가 있다. 그때를 위해서라도 순간순간 만나는 이들을 친절하게 대해야겠다. 그래야만 사람들의 얼굴이 지금보다는 배나 더 밝아지고 웃음이 있는 삶을 살아갈 것이다.

우리는 인생이란 여행길에서 수많은 사람과 만나고 헤어지며 살아간다. 기억에 남고 그리워지고 만나고 싶어지는 사람들은 누구인가? 역시 친절하고 웃음과 여유가 있는 사람들이다. 우리가 바로 그러한 사람이 되자.

우리 모두 친절해지자. 우리 모두 웃음과 유머와 칭찬으로 함께 하는 친절한 사람이 되자.

제대로
칭찬하는 방법

▷ ▷ ▷

지금 왜 칭찬이 필요한 시대인가?

우리 사회는 지금 비판과 비난이 과열되고 있다. 남의 흠집만을 찾아내는 것보다 남을 배려하고 함께 하는 마음이 절실히 필요한 때이다. 무조건적 비판과 비난은 분열을 만들고 발전적인 삶을 만들지 못한다.

칭찬은 참으로 놀랍다. 칭찬을 받은 사람의 얼굴을 보라. 잔잔한 기쁨이 번지고 얼굴 가득히 웃음이 보인다. 칭찬은 우리의 삶을 변화시키고 기쁨을 주고 의욕이 넘치게 한다.

이 세상에서 칭찬을 받기를 싫어하는 사람은 단 한 사람도 없다. 누구나 우리를 바라보고 있다는 것을 안다면 칭찬은 남을 인정하거나 남에게 인정을 받고 있다는 사실을 알게 해준다.

칭찬 한마디에 삶이 새롭게 변화된 사람들이 많다. 삶을 성공으로 이끌어 주는 방법 중에 하나가 칭찬이다. 칭찬을 받으며 살아가는 사람과 칭찬을 전혀 받지 못하고 소외되어 사는 사람들의 표정과 삶의 모습은 전혀 다르다.

칭찬은 사람들에게 힘을 주고 희망을 주고 보람을 준다. 밝게 웃으며 칭찬해주는 한 마디가 사람의 마음을 얼마나 행복하게 해주는지는 칭찬을 받아본 사람이면 누구나 알 수 있다.

의욕적으로 살아가며 성공을 만들고 남을 돕는 사람들을 살펴보라. 그들은 칭찬을 받으며 살아가는 사람들이다. 버림받은 사람들을 살펴보라. 그들은 칭찬보다는 욕설과 비난으로 상처를 받은 사람들이다.

칭찬은 참으로 중요하다. 그 칭찬의 주인공이 바로 우리가 되어야 한다. 사랑하는 마음으로 남을 칭찬하고 칭찬받으며 살아가야 한다.

첫째, 칭찬하는 말을 하라.

칭찬은 마음의 호수에 물수제비를 뜨듯이 잔잔한 감동을 만들어 놓는다. 칭찬은 생명력 있는 물과 같다. 사람의 마음을 충분하게 적셔주고 사람들의 삶을 새롭고 힘 있게 자라게 한다. 칭찬하는 사람이나 칭찬을 듣는 사람이나 둘 다 마음이 즐겁고 따뜻해진다. 칭찬은 우리의 삶에 힘을 주는 희망의 언어다.

칭찬할 줄 아는 사람의 언어 표현은 부드럽고 따뜻하며 여유가 있고 남을 이해하는 마음이 넓다. 칭찬이란 언어생활을 좀 더 힘 있고 능력이 넘치는 창조 언어로 바꾸는 것이다. 칭찬은 사람을 움직이게 하는 큰 힘이 된다. 칭찬은 용기를 갖게 해주고 마음을 풍요롭게 하는 재능을 더욱 발휘시키는 자극제로 작용한다.

그러나 칭찬의 언어가 지나치면 안 된다. 칭찬이나 찬사는 짧을수록 좋다. 칭찬의 말을 장황하게 꾸미거나 지나치게 세밀한 부분을 지적하면 오해를 받을 수 있다. 있는 모습 그대로 순수한 마음으로 칭찬해야 한다.

누구나 완벽하지 않다는 것을 알아야 한다. 비록 사람들에게 비난을 받는 사람일지라도 찾아보면 그 사람만의 아름다움이 있다. 또한 완벽하게 보이고 칭찬을 많이 받는 사람도 찾아보면 단점과 오점을 발견할 수 있다.

그러므로 우리는 누구나 자신의 마음을 진실하게 표현하며 살아가는 것이 중요하다. 나로 인해 이 세상에 행복한 사람이 있다면 이보다 좋을 수가 있는가.

행복하게 살아갈 의미를 던져주는 것이다. 남을 칭찬해주는 사람은 남과 자신을 행복하게 만들어준다.

칭찬을 해주면 찬란하게 쏟아지는 햇살을 온몸에 받은 듯이 밝아지는 얼굴을 생각해 보라. 단 몇 마디의 말로 사람을 행복하게 만들어주는 것이 어디에 있겠는가? 남을 사랑하는 마음이 있어야 칭찬할 수 있다. 진실하게 사랑을 해야 진실하게 칭찬을 한다.

우리도 칭찬을 받을 때 얼마나 가슴이 따뜻해지고 행복해지는가? 그 마음을 안다면 진실한 마음으로 남을 칭찬해주어야 한다. 칭찬에 관한 명언을 마음속에 새겨두는 것도 좋다.

둘째, 칭찬과 아첨은 확실하게 다르다.

칭찬은 진실에서 시작하지만 아첨은 진실이 아니다. 칭찬은 마음속에서부터 우러나오는 것이지만 아첨은 세 치 혓바닥 끝에서 나오는 것에 지나지 않는다. 칭찬은 마음을 주는 것이지만 아첨은 이기적이다. 칭찬은 누구나 좋아하나 아첨은 누구나 싫어한다. 아첨은 분별 있는 사람들에게는 통하지 않는다. 아첨이란 천박하고 무성의한 것이다. 아첨이 통하지 않아야 당연하다.

영국 왕이었던 조지 5세는 이렇게 말했다.

"값싼 칭찬은 이를 주지도 말 것이며, 받는 일도 없도록 하라."

아첨은 바로 값싼 칭찬이라고 할 수 있다. 멕시코의 위대한 영웅이었던 오브레곤의 흉상 아래 이렇게 쓰여 있다.

"적을 두려워할 필요는 없다. 달콤한 말을 지껄이는 친구를 조심하라."

달콤한 말을 듣기에는 좋아도 우리의 삶에 아무런 도움이 되지 않는다.

칭찬과 꾸짖음에는 시기가 중요하다. 쇠뿔도 단김에 빼라는 말이 있다. 이때의 빼라는 말을 꾸짖는 것으로 연상하기 쉽다. 그러나 꾸짖는 목적을 생각할 때 상대방이 고분고분 귀를 기울여주지 않으면 별 소용이 없다. 그러므로 "칭찬이 뜨거울 때 꾸짖는 것은 조금 식은 뒤에" 라고 생각하는 것이 좋은 방법이다.

잘못한 사람이 스스로 깨달았을 때는 꾸짖기보다는 칭찬하는 쪽으로 방향으로 바꾸어야 한다. 충고하는 자신이 확실하게 문제를 파악한 후가 아니면 함부로 꾸짖지 않는다.

상대방이 지나친 긴장을 하지 않도록 "이야기를 하고 싶은 것이 있는데 시간 좀 내주겠습니까?" 하며 미리 준비시키는 것이 중요하다. 상대방을 함부로 대하거나 준비 없이 꾸짖는다면 "쥐도 궁지에 몰리면 달려든다."는 말처럼 상대방도 마음이 좋지 않다.

상대방을 꾸짖을 때 어떤 방식으로 말을 할 것인지를 알아야 더 큰 효과를 나타낸다. 상대방과의 평상시 인간관계, 상대방의 능력, 그때의 상황 등에 의해서 어떤 말로 어떤 표현으로 꾸짖을 것인가를 생각해야 한다. 벌컥 화가 치밀어 오른 상태에서 꾸짖으면 좋은 결과를 만들지 못한다.

셋째, 칭찬해주면 칭찬을 받는다.

남을 칭찬해주면 칭찬을 받는다. 누구나 자기를 이해해주고 알아준다면 싫어할 사람은 한 사람도 없다. 그러므로 남의 좋은 점을 잘 알아 칭찬해주는 것은 참으로 즐거운 삶의 시작이다. 남을 칭찬해주면 나는 비참해질 수 있다는 것은 잘못된 고정관념에서 나온 것이다. 다른 사람을 칭찬해주면 그 사람이 좋아 보이는 것은 당연하다.

그러나 중요한 것은 칭찬해주는 사람도 신뢰를 받는다는 것이다. 사람들과 좋은 인간관계를 만들어 가는 좋은 기회를 얻는다. 상대방을 욕하거나 불평을 하면 듣는 사람들은 자기와 관련 없는 일이라도 비난하거나 불평하는 사람은 멀리하게 된다.

남을 비난하거나 조롱하거나 욕을 하면 자신의 가치를 떨어뜨릴 뿐이다. 그래서 다른 사람의 장점을 찾아서 칭찬을 해주어야 한다. 남을 칭찬해주는 사람은 자신도 칭찬을 받는다.

남을 비판한다는 것은 자신의 마음 상태가 오만하고 자만하다는 것을 나타내는 것이다. 비판은 상처만 남길 뿐이다. 비판받은 사람은 상대방을 비판한다. 누구나 자기가 당한 것을 잊지 않고 되갚아 주고 싶어하는 충동이 일어나고 행동으로 옮기고 싶어 한다.

그러므로 남을 함부로 비판하는 것보다 칭찬과 격려를 통한 올바

른 판단이 필요하다. 자신의 행동과 말 때문에 상처받는 사람은 자신
의 곁을 떠날 수도 있다는 것을 기억해야 한다. 우리 때문에 행복한 사
람들이 많아지는 것은 옳은 일이지만 불행한 사람이 단 한 사람이라도
생겨나는 것은 참으로 안타깝고 불행한 일이다.

베푸는 삶의
가치

▷ ▷ ▷

어머니 뱃속에서 태어날 때 모습이 "울고, 쥐고, 발버둥친다."고 한다. 이 모습이 평생 살아가는 모습이라고 한다. 항상 소유하고 싶고 무언가를 채우고 싶어하는 것이 사람의 본성이다.

사람의 마음은 많이 소유하는 것도 행복하지만 나눌수록 더 큰 행복을 풍요롭게 선물해준다. 자연이 우리에게 얼마나 많은 것들을 나누어주면서도 생색 한 번 내지 많고 무한정으로 베풀어주는 것을 보면 만물의 영장이라는 인간도 자연의 베풂을 삶 속에서 실천하여 삶다운 삶을 살아야 한다.

나폴레온 힐은 "나눔이란 신성한 행위를 실천하지 않은 사람은 영원한 행복으로 이어지는 진정한 길을 발견하지 못할 것이다. 행복은 자신에게 주어진 축복을 다른 사람과 나눌 때에 찾아온다."라고 말했다.

우리들의 주변을 살펴보라. 베풀고 나누는 삶을 살아가는 사람들은 표정이 맑고 웃음이 있다. 마음이 넉넉하고 풍요롭다. 그러나 욕심이 많은 사람은 짜증도 많고 신경질적이고 인상을 많이 쓴다. 나눔과 베풂은 사람의 표정과 인상과 삶의 모습도 바꾸어 놓는다.

에릭 버터워스는 "열심히 나누어 주는 사람은 누가 뭐래도 행복한 사람, 마음이 든든한 사람, 만족하며 사는 사람, 그리고 잘 사는 사람이다."라고 말했다. 욕심 많은 세상에서 나눔과 베풂을 알고 실천하는 사람들은 삶의 가치와 소중함을 알고 몸소 실천하는 사람들이다. 그런 사람들이 세상에 있기에 세상은 살 만한 세상, 살맛이 나는 세상이 된다.

어느 수석 수집가가 보기 좋은 수석을 많이 모았다고 한다. 죽기 전에 모든 수석을 나누어 주고 하나를 남겨 놓았더니 그 속에 모든 수석이 다 들어있는 것을 느꼈다고 한다. 그리고 세상을 떠날 때 그 수석마저 주고 갔더니 마음속에 모든 수석이 다 있다고 했다고 한다.

마더 데레사는 "나눔이 주는 기쁨이란 행복을 전해주는 행복한 이야기다. 받은 것을 나누어라. 그 나눔에는 당신 자신도 포함된다."고 말했다. 진정한 행복은 나누는 일에서 시작한다.

이 세상은 온통 나눔의 세상이다. 아침에 태양이 뜨면 햇살은 온 세상에 골고루 퍼져 생명이 잘 자라나게 하고 성장시킨다. 하늘에 떠 있는 구름이 비를 나누어 주기에 세상은 목마르지 않다. 세상의 나무와 식물들이 각종 열매를 나누어 주기에 세상은 풍요로워진다.

세상을 둘러보면 우리에게 무한정으로 베풀어지는 것들이 많다. 강과 바다와 산과 나무들은 아름다운 풍경을 선물해주고 베풀어주고, 해와 달과 별들은 어둠 속에 빛을 선물해주고 베풀어준다. 가족과 친구와 가까운 사람들은 사랑과 우정을 베풀고 선물해준다.

이 세상에는 자기 욕심만 채우는 사람이 있고, 가족과 이웃에게 베풀고 섬기며 친절하게 살아가는 사람들이 있다. 세상은 나누고 베풀고 친절한 사람들이 있기에 살 만한 세상이 된다. 베푸는 사람들의 마음은 정감이 가고 표정이 밝고 살아있다. 나눔이 없는 사람들은 차갑고 표정이 사납다. 표정이 살아야 인생을 잘 사는 법이다. 표정이 죽으면 감정도 죽고 행복도 자취를 감추고 사라진다.

어느 날 욕심이 많은 청년이 숲길을 걷고 있었다. 한참 가다 보니 요술 램프가 떨어져 있었다. 청년은 너무나 반갑고 신기해서 요술 램프를 손으로 쓰다듬었더니 갑자기 램프에서 요정이 튀어나왔다. 요정이 청년에게 물었다. 꼭 필요한 것을 하나만 말하면 주겠다는 것이다. 청년은 욕심이 생겨서 "돈, 여자, 결혼이 갖고 싶다."고 말했다. 그 청년은 세 가지를 다 갖게 되었다. '돈 여자와 결혼'하였다.

지나친 욕심은 항상 비참한 결과를 만들 뿐이다. 루이스의 말처럼, 우리가 이웃에게 얼마나 나누어 주어야 하는지를 정확히 말할 수가 없다. 그러나 적어도 우리의 생활에서 여유로 남게 되는 것 이상을 나누어 주어야 하지 않을까?"

나눔은 세상을 풍요롭게 하고 정감이 넘치게 하고 따뜻하게 하고 용기를 준다. 나눔과 베풂과 사랑이 없는 세상은 차갑고 몰인정한 세상이다.

간디가 어느 날 기차를 타다가 신발 한짝이 벗겨졌다. 그러자 간디는 얼른 다른 신발마저 벗어서 먼저 신발이 떨어진 곳에 던지는 것이다. 기차를 같이 탄 사람이 물었다.

"아니! 간디 선생님! 왜 신발을 마저 벗어 던지십니까?"

간디가 말했다.

"가난한 어떤 사람이 우연히 신발을 줍게 되었을 때 한짝만 있으면 못 신을 것이 아닌가? 나는 이미 신발을 잃어버린 것이니 그 사람을 위해서 신발 한짝마저 벗어 던져준다."

선한 지도자 마음의 도량은 다른 법이다. 신발 한짝 가지고 와야 신지도 못할 것이 뻔하지 않나. 이런 나눔과 베풂의 마음이 선한 영향력을 나타내는 것이다.

우리가 사는 세상도 좀 더 나눔과 베풂과 사랑이 넘쳐야 한다. 욕심이 많아지면 사회가 불행하다. 나눔을 실천하는 사람들이 많고 많으면 세상은 살기 좋은 세상이 된다.

이 세상의 부자들이 베풀면 가난한 사람들이 굶주리는 일이 없어진다고 한다. 빈손으로 왔다가 빈손으로 가는 삶인데 나 때문에 행복한 사람이 있다는 것이 얼마나 행복한 일이고 삶을 살아갈 이유가 되는가! 우리는 나눔과 베풂과 사랑이 넘치는 삶을 날마다 실천하며 살아가야 한다.

어른이
된다는 것은

▷ ▷ ▷

성인이란 어른이 되었다는 것이다. 육체적인 성장보다 더 중요한 것은 정신적인 성장이다. 지정의를 갖춘 삶을 살아갈 수 있는 사람이다. 어떤 사람이 편지를 보냈는데 사람인 자 다섯 개를 써서 보냈다고 한다. 그 말의 뜻은 "사람이면 사람이냐 사람다운 사람이 사람이지."라는 것이다. 사람다운 사람이 되어야 성인이 된다.

자신의 삶에 책임을 질 수 있고 비전이 있고 사랑할 줄 알고 삶에 열정이 가득한 사람이라야 성인이다.

1940년대 에드먼드 힐러리라는 이름을 가진 영국의 한 청년이 세계에서 가장 높은 산인 에베레스트 산을 정복하였다가 실패를 했다. 실패한 힐러리는 이렇게 말했다.

"산이여! 너는 자라지 못한다. 그러나 나는 자랄 것이다. 나의 기술도, 나의 힘도, 나의 경험도, 나의 장비도 자랄 것이다. 나는 다시 돌아올 것이다. 기다려라. 그리고 나는 기어이 정상에 설 것이다."

에드먼드 힐러리는 10여 년 후인 1953년 5월 29일에 에베레스트 산 정상을 다른 두 명의 동료 산악인과 함께 정복하고야 말았다.

성인이 되기 시작했다는 것은 자기 삶의 목적을 향하여 집념의 화살을 쏟아놓은 시기라고 할 수 있다. 아직은 이루어지지 않았고 시작에 불과하다. 그러므로 젊음의 용기가 가슴에 가득해야 한다. 젊음에 열정이 없다면 성인이라고 할 수 없다.

윌리엄 제임스는 이렇게 말하고 있다.

"풍요한 인생을 믿어라. 그리고 인생은 잘 살아가고 있다고 믿어라. 그러면 당신의 신념이 이를 사실로 높여 줄 것이다."

우리가 자신의 삶에 확신을 지니고 꿈을 현실로 바꾸어 놓겠다는 확신이 있을 때 젊음은 가치가 있고 삶에 책임을 갖는 성인이 되었다고 할 수 있다. 성인이 되는 것은 꼭 나이가 몇 살이 되었다고 해서 성인이라고 할 수 있는 것은 아니다.

시인 사무엘 울만의 시 〈청춘〉에서 우리는 진정 성숙한 삶을 살아가는 사람들의 모습을 잘 살펴볼 수가 있다.

청춘이란 인생의 어떤 기간이 아니라 마음가짐을 말합니다.

장미의 용모, 붉은 입술, 나긋나긋한 손발이 아니라

씩씩한 의지, 풍부한 상상력, 불타오르는 정열을 가리킵니다

청춘이란 인생의 깊은 샘의 청신함을 말하는 것입니다

청춘이란 두려움을 물리치는 용기

안이함을 선호하는 마음을 뿌리치는 모험심을 의미합니다

때로는 20세의 청년보다 70세의 인간에게 청춘이 있습니다

나이를 더해 가는 것만으로는 사람이 늙지 않습니다

세월은 피부에 주름살을 늘려가나

열정을 잃으면 마음이 식는 것입니다.

70세든 16세든 인간의 가슴에는 경이에 이끌리는 마음

어린애와 같은 미지에 대한 탐구심

인생에 대한 흥미와 환희가 있습니다.

그대에게도 나에게도 마음의 눈에 보이지 않는

우체국이 있습니다

인간과 하나님으로부터 아름다움, 희망, 용기,

힘의 영감을 받는 한 그대는 젊습니다

젊은이는 희망과 용기와 열정이 가득해 비굴하지 않게 인생을 떳떳하게 살아가야 한다. 성인이란 자신의 삶에 책임을 지고 있다는 사실과 자신의 주변에 관심을 가지고 지켜봐야 한다는 것을 알아야 한다. 자기 삶의 미래가 분명하지 않다는 것은 아직도 어린아이의 삶을 살아가는 것과 같다.

우리 민족을 지극히 사랑한 함석헌 님은 그러한 삶을 '그대는 그런 사람을 가졌는가'라는 시에서 이렇게 노래하고 있다.

만 리 길 나서는 길
처자를 내맡기며 맘 놓고 갈 만한 사람
그 사람을 그대는 가졌는가

온 세상이 다 나를 버려 마음이 외로울 때도
"저 맘이야" 하고 믿어지는
그 사람을 그대는 가졌는가
탔던 배 꺼지는 순간 구명대를 서로 사양하며
"너만은 제발 살아다오"할
그런 사람을 그대는 가졌는가

불의의 사형장에서
"다 죽어도 너의 세상 빛을 다하여
저만을 살려 두거라"
일러줄 그런 사람을 그대는 가졌는가

잊지 못할 이 세상을 놓고 떠나려 할 때
"저 하나 있으니"하며 방긋이 눈감을
그런 사람을 그대는 가졌는가

온 세상의 찬성보다도
"아니" 하고 가만히 머리 흔들
그 한 얼굴 생각에
알뜰한 유혹을 물리치게 되는
그 사람을 그대는 가졌는가

삶을 살다 보면 실패도 있고 역경도 있고 고난도 찾아오기 마련이다. 이러한 모든 것들을 이겨낼 때 진정한 성인이 된다. 에머슨은 "모든 것은 하찮은 일에서 출발한다.

한 알의 조그만 씨앗이 하늘을 찌르는 큰 나무로 자라는 것을 보라. 행복도, 불행도, 성공도, 실패도 다 시초는 조그만 일에서 비롯된다. 언제나 시작을 잘하라."고 말한다.

자신이 성인이라는 것을 알고 자신의 삶에 최선을 다하는 사람은 진정 인생을 아름답고 멋있게 살아갈 것이다. 우리의 삶 속에서 그 어떤 일도 한순간에 이루어지는 것은 없다. 한 알의 과일, 한 송이 꽃도 마찬가지다. 나무도 금방 열매를 맺지 않는다. 젊은이들이 성인의 열매를 맺는 것도 성인다운 삶을 살아야 맺을 수 있다.

젊은이들이 진정한 성인의 조건을 갖추려면 인생을 동반할 멋진 친구가 있어야 한다.

언제나 함께해도 좋은 친구, 인생을 같이 논하고 미래를 이야기하고 꿈과 비전을 함께 나누고 온갖 어려움에 서로 몸을 던져주어도 아깝지 않을 동반자가 있어야 진정한 성인의 삶을 살아갈 수 있다. 인생은 혼자 살아가는 것이 아니라 함께 더불어 살아가는 것이다.

성인으로 살아가는 길은 조국과 민족을 향하여 자신의 삶이 부끄럽지 않고 친구와 가족에게도 언제나 떳떳하게 살아가는 모습을 자신감

있게 보여줄 수 있어야 한다. 이러한 힘은 홀로 생기는 것이 아니다. 함께 하는 공동체가 있어야 한다.

성인이라면 자기 삶은 물론 친구와 동료를 위하여 때로는 목숨까지 아끼지 않을 정도로 신뢰와 확신을 가져야 한다. 그러한 사람이 진정한 성인의 삶을 살아가는 것이다. 성인은 공동체의 삶에서도 자신의 위치를 분명하게 나타낸다.

루소가 이렇게 말했다.

"자연스러운 생활이란 넘치지 않고 흐르는 물과 같이 순리와 질서와 조화를 갖추고 있어야 한다. 진정으로 자유로운 생활은 스스로 멋대로 내던져지는 것이 아니라 자기를 적당히 누르고 견제하는 데서 출발한다."

우리는 성인이 된 후에도 진정한 자유로운 삶이 어떤 것인가를 알고 책임 있는 자유를 마음껏 누려야 한다.

PART 3

나를
바라보는 법

유쾌하게 대처하기의
첫 번째는 자신감이다

▷ ▷ ▷

우리가 가진 가장 큰 힘은 자신감이다. 잠재 능력인 자신감을 찾아내어 마음껏 꺼내어 사용해야 한다. 아직도 수많은 사람이 자신이 지닌 능력을 잘 알지 못해서 사용하지 못한다.

자신감이 없으면 빛바랜 삶을 살아간다. 머리를 쥐어짜고 몸부림만 친다고 해서 성공하는 것은 결코 아니다. 무슨 일이든지 잘하려면 자신이 지닌 지식과 지혜와 능력을 잘 나타내어야 한다.

똑같은 씨앗도 큰 나무가 되는 씨앗이 있고 싹이 나오자마자 금방 죽어버리는 씨앗도 있다. 상황 대처 능력에 따라 달라진다. 자신감이 있으면 어떤 상황에서도 대처할 힘이 생긴다. 이 세상에 얼마나 많은 사람이 삶의 의미도 알지 못한 채로 죽어가고 있는가? 우리는 삶의 의미를 분명하게 알고 자신감이 넘치게 살아야 한다.

이 지상에 살아있는 모든 것들은 활발하게 움직이고 있다. 자신감을 잘 나타내어 무한한 능력을 발휘해야 한다. 우리에게는 자신이 잘 알고 있지 못했던 능력, 자신이 한 번도 사용하지 않았던 힘이 있다. 이것을 알고 바로 사용할 수 있는 힘이 자신감이다. 자신감은 성공을 만들어 가는 능력이다.

자신감이 있는 사람은 내일의 비전을 이루어갈 열정이 있다. 자신감이 있는 사람은 생동감이 넘치고 기쁨이 넘친다. 자신만의 독특한 개성을 가지고 있다. 자신이 꿈꾸며 바라는 것을 이룬다. 멋지게 성공하는 방법은 자신감을 지니는 것이다.

성공하기를 간절히 원한다면 분명히 눈앞에서 이루어진다. 자신감을 지니고 성공을 향하여 계속 전진해야 한다. 어떤 상황에서도 자신감을 잃지 않아야 한다. 자신의 마음과 행동을 어떻게 나타내느냐에 따라 자신감을 마음껏 발휘할 수 있다.

월포트 피터슨이 이렇게 말했다.

"성공의 99%는 마음가짐에 달렸다. 사랑, 기쁨, 낙천주의, 신념, 용기, 관용, 인내, 정직, 겸손, 정열, 침착, 명랑, 상상력 그리고 지도력은 성공하는 데 없어서는 안 될 요소이다."

우리의 미래는 장밋빛으로 그냥 물들지 않는다. 봄과 여름이 있기에 잎들이 붉게 물들어 가는 가을이 있다. 노력의 결과에 따라 분명하게 달라진다. 세상은 땀 흘린 자에게 땀 흘린 대가를 돌려준다.

이 세상의 모든 땅에는 수많은 아주 작은 씨앗들이 있다. 이 씨앗 중에서 비를 받아들이고 햇빛을 마음껏 받아들인 씨앗만이 자라나 큰 나무가 될 수 있다. 우리의 마음에도 성공이란 씨앗이 있다. 이 씨앗을 자라나게 하는 것이 자신감이다.

땅속에 수많은 씨앗이 있으나 자신을 찢어내는 아픔 속에서도 고통을 이겨내야 한다. 싹이 쑥쑥 자라나야 큰 나무로 성장할 수 있다. 우리도 마찬가지다. 아픔과 고통을 이겨내고 성공의 씨앗을 잘 발아시켜서 마음껏 자라나게 해야 한다.

나무가 잘 자라서 꽃이 피고 열매를 맺듯이 자신감을 지니고 변화를 일으켜야 한다. 자신감은 행동을 만든다. 움직임이 정지되면 이미 죽은 것과 마찬가지다. 행동은 분명한 결과를 만들어 놓는다. 자신감은 분명하고 확실한 열매를 만들어 놓는다.

자기가 원하는 삶을 살기를 바란다면 자신감을 가져야 한다. 자신이 원하는 만큼 삶은 변화될 수 있다. 이 세상을 살아가는 것은 쉬운 일이 아니다. 갖가지 역경이 언제든지 달려들려 기회를 노린다. 자신의 변화를 두려워한다면 쓰러지고 말 것이다. 목적이 분명하고 열정이 있고 자신감이 있다면 마음껏 웃으면서 성공을 할 수 있다. 자신감은 우리의 삶에 여유를 가져다주고 당당함을 갖게 한다.

위대한 일을 해낸 사람들은 어느 날 갑자기 성공한 것은 결코 아니다. 작지만 구체적인 일들을 이루어감으로써 어려움을 다 이겨내고 성공을 이루어 내는 힘을 마련한다.

우리에게 찾아오는 아픔을 통해 더 강하게 자라나야 한다. 정직하고 바르게 살아가는 힘은 곧 자신감 속에서 이루어진다. 자신감은 행복을 부르는 힘이다. 자신감을 지니고 작은 일들을 소중하게 여길 때 큰일을 한다.

자신감이 없는 사람은 사소한 역경 속에서 쓰러지고 넘어지는 실패를 경험하게 된다. 그때마다 자신의 능력과 재능 그리고 가능성을 제대로 발휘하지 못한다면 큰 손해를 본다. 우리는 잘못된 것이 있다면 고치고 변화시켜야 한다. 충만한 자신감을 지니고 성공이란 밭을 개간하여 나가야 한다.

아주 사소한 일도 잘 이루어야 큰일도 자신 있게 할 힘이 생긴다. 자신감은 자신이 처한 절박한 환경과 처지를 뛰어넘는 힘이다. 브루스 바턴은 이렇게 말하고 있다.

"현재의 처지에 굴하지 않고 그보다 훨씬 나은 그 무엇이 자기 안에 숨겨져 있다고 굳게 믿는 사람들의 성취보다 더 훌륭한 것은 없다."

우리는 자아의 이미지부터 바꾸어야 한다. 새로운 삶을 시작해야 한다. 자신감이 있다면 과거에서 벗어나 새로운 삶을 살아야 한다. 영국의 추리작가 아서 코난 도일은 이렇게 말한다.

"가장 좋은 것은 조금씩 찾아온다. 작은 구멍에서도 햇빛을 볼 수 있다. 사람들은 산에 걸려 넘어지지 않는다. 그들은 조약돌에 넘어진다. 작은 것들이 중요하다. 작게 새는 곳이 커다란 배를 침몰시킨다. 오랫동안 나의 좌우명이 되어 온 것은 작은 일들이 한없이 가장 중요한 것이다."

작은 것들을 소중하게 여길 때 큰일을 해낼 수 있다. 작은 일들을 자신감 있게 이루어갈 때 커다란 자신감으로 키워 나갈 수 있다. 작은 일들을 가벼이 여기고 귀하지 않게 여길 때가 있다. 그러나 작은 일이라도 바르게 하지 못하면 자신감이 없어진다.

때로는 작은 실수가 엄청난 불행을 가져오기도 하고 작은 일의 성공이 크나큰 성공으로 가는 지름길이 되기도 한다. 작은 실수를 연발하면 큰일을 해야 할 때 갖고 있던 힘마저 잃어버리게 된다.

우리가 관심을 지니지 않는 작은 일들이 큰일을 만든다. 모든 일에 자신감을 지니고 도전해 나가야 한다. 바다도 비 한 방울 한 방울이 모여서 바다가 된다. 아무리 거대하고 울창한 숲도 나무 한 그루 한 그루가 모여서 이루어진다.

빅터 프랭클은 이렇게 말했다.

"인간은 단순히 존재하는 것이 아니라 항상 어떻게 될 것인지 매 순간 자신이 무엇이 될 것인지를 결정하는 존재다"

그러므로 자신감 있게 표현할 수 있어야 한다. 높은 산을 오르는 것도 한 걸음부터다. 유명한 등반가들도 모두 다 산을 오를 때는 첫발에서 시작했다.

우리가 작은 일부터 소중하게 생각하고 변화를 일으킬 때 새로운 변화, 새로운 능력, 새로운 비전이 일어난다. 천 리 길도 한 걸음부터다. 살아가며 막다른 길을 만나더라도 두려워하지 말고 헤쳐 나가는 것이 중요하다.

모든 일에 적극적이고 담대하다는 것은 자신감 있게 자기 일을 처리한다는 것이다. 작은 일부터 자신감 있게 이루어가자. 한계가 있다고 소극적으로 살아가기보다는 마음껏 펼쳐 나간다는 적극적인 자신감을 지니고 살아가야 한다.

내 인생에서
가장 중요한 때는 지금

▷ ▷ ▷

강물은 온몸을 펼쳐서 바다로 흘러간다.

젊은이라면 열정을 가지고 도전하는 삶을 살아야 한다. 미래가 기다리고 있으니 열정의 온도를 높여야 한다. 물은 99도에서는 끓지 않는다. 물을 끓이려면 100도가 되어야 한다. 성공하라면 열정을 다 쏟아부어야 한다.

프랭클린 아담은 "도전을 두려워하지 말라. 도전해 보지 않고서는 당신이 무엇을 해낼 수 있는지 알 수 없다" 고 말했다.

열정이 있는 사람은 자신감이 넘쳐난다. 젊은 날에 흘리는 땀과 눈물은 웃음으로 다시 찾아온다. 고난과 역경을 극복했을 때 더 강해질 수 있다.

삶에는 두 길이 있다. 성공하는 길과 실패하는 길이다. 자신의 미래를 바라보며 나쁜 상상을 하지 말고 행복한 상상, 멋진 상상을 해야 한다. 자신의 잠재의식에 멋진 성공의 모습을 그려야 한다.

성공의 열쇠는 바로 열정이다. 열정이 있는 사람과 열정이 없는 사람의 차이는 엄청나다. 열정이 있는 사람들은 세상을 바라보는 눈과 행동이 다르다. 우리의 삶은 단 한 번뿐이다. 서성거리거나 망설일 시간이 없다. 분명한 목적을 가지고 도전하여 성공해야 한다.

성공의 가장 무서운 적은 무엇인가. 나폴레온 힐은 이렇게 말하고 있다.

"성공의 가장 무서운 적은 우유부단, 의심, 두려움이다. 의심과 두려움에 사로잡혀 있는 한 우유부단할 수밖에 없다. 우유부단은 두려움이 싹터서 자라는 것이다. 이때 우유부단은 의심으로 구체화되고 그 둘이 합쳐서 두려움을 만든다."

그러므로 결심만 하지 말고 행동으로 옮겨야 한다. 젊은이라면 아무런 두려움 없이 세상이라는 바다에 열정의 그물을 던져야 한다. 환경이나 여건만을 탓하지 말고 자신의 삶을 열정으로 새롭게 만들어야 한다.

삶은 꿈을 마음껏 펼쳐 나가는 무대다. 무대 위에서 춤을 추는 사람을 바라보라. 무대 위에서 연주하는 사람들을 바라보라. 모든 분야에 달인을 바라보라. 얼마나 열정적으로 감동하며 일하고 있는지를 보라. 아무리 좋은 배라도 항구에 정박한 채 있다면 고철에 불과하다.

젊은이라면 자신에게 있는 가능성을 가능으로 바꾸어 나가야 한다. 삶을 멋지게, 신나게, 열정적으로 살아야 한다.

톨스토이는 "이 세상에서 가장 중요한 때는 바로 지금이고, 가장 중요한 사람은 지금 당신과 함께 있는 사람이고, 가장 중요한 일은 지금 당신 곁에 있는 사람을 위해 좋은 일을 하는 것이다. 이것이 우리가 이 땅에 사는 이유다."라고 말했다. 지금 이 순간 열정을 쏟아야 한다.

열정은 자신을 확신하며 뛰어드는 것이다. 자기가 스스로 만들어야 한다. 열정을 가지고 도전하며 살아간다면 자신의 눈앞에서 변화된 자기 모습을 발견할 것이다. 심장이 뜨겁도록 최선을 다하는 삶을 살아야 한다. 그렇게 한다면 내일은 화창할 것이다.

액자 속 사진이나 그림의 바다는 파도치지 않는다. 살아있기에 성공을 하려고 도전하는 가슴 속의 바다만이 시련과 고통의 파도가 친다. 이 모든 것을 이겨내는 힘은 열정이다.

표정이 살아야 인생이 산다! 인상을 쓰지 말고 웃어야 행복이 찾아온다. 화가 풀려야 인생이 풀린다. 90대지만 소녀처럼 해맑고 순수한 모습으로 사는 것은 쾌활하고 긍정적인 마음에서 시작한다.

중년인데 얼굴이 일그러지고 주름살이 가득한 것은 격렬한 감정과 불만과 회의와 불신이 만들어 놓는다. 아름다운 주름살은 순수한 마음에서 생기지만 보기 안 좋은 주름살은 성급한 성격에서 생긴다.

순수하고 바르게 살아온 사람은 나이가 들어도 저물어가는 황혼의 해처럼 평화롭고 부드럽게 늙는다. 시인은 언어를 디자인하고 사람들은 인생을 디자인한다.

단 한 번 초대 받은 삶을 새로운 활력과 프로의식으로 인생을 멋지고 아름답게 살아가야 한다. 삶에 흥미와 재미를 느끼며 사람을 만나고 사람을 좋아하고 사람을 감동케 하는 삶을 살아야 한다.

삶의 주인공이 되고 프로가 되어 용기를 내어 멋지게 살아라. 열정을 갖고 살아서 삶을 감동으로 만들어야 한다. 미래는 그대들을 기다리고 있다. 열정을 갖고 멋진 미래를 만들어 가자.

눈물은 세월을 적시지만
세월은 눈물을 마르게 한다

▷ ▷ ▷

삶을 살아가는 데는 피와 땀과 눈물이 필요하다.

자신이 흘린 피와 땀과 눈물의 가치는 놀랍고 진실하다. 흘린 만큼 가치 있게 돌아온다. 직장이나 어느 조직이든지 지각을 잘하는 사람이 일을 못 하고, 일을 못 하는 사람이 가장 불평이 많다. 핑계를 잘 대고 남에게 자신의 잘못을 전가하려고 한다. 그리고 늘 상사나 부하를 부정적으로 표현하기를 좋아한다. 그러나 성공하는'사람들은 불평을 말하지 않는다. 일이 재미가 있고 보람이 넘치기 때문이다.

땀과 눈물과 피를 흘려가면서 쟁취한 성공만이 온전한 것이다. 쉽게 이루거나 남이 이룬 것을 탈취해서는 안 된다. 후회가 없는 성공이 진정한 성공이다. 우리는 노동의 기쁨을 알아야 한다. 열심히 일하는 기쁨 속에서 성공에 대한 집념과 근성을 배운다. 게으른 사람이 유혹에 잘 넘어간다. 열정을 다하는 사람은 한눈을 팔 시간조차 없다. 노력하는 사람은 성공을 시작한 것이다. 제대로 시작한 일은 성공에 그만큼 가까워진다.

자기의 꿈을 이루기 위하여 피나는 노력을 한다는 것은 자신도 살고 주변 사람도 살리는 일이 될 것이다. 나 때문에 이 지구상에서 누군가 행복할 수 있다면 그 얼마나 의미가 있는 삶을 살아가는 것인가. 우리의 피나는 노력도 보람이 있다.

영화 〈레옹〉을 보면 이런 대사가 나온다.

"인생은 항상 이렇게 힘든가요! 아니면 어려서 그런가요?"

"항상 그렇단다!"

사람은 태어나면서부터 죽음을 향한 여행을 시작한다. 그러므로 절망할 것이 아니라 늘 희망을 만들고 이루면서 살아야 행복한 삶을 살수 있다.

루스벨트는 "기쁨도 고통도 없는 나약한 정신의 소유자처럼 살기보다는 비록 실패로 얼룩진다 해도 큰일을 감행하고 영광의 승리를 거두는 것이 낫다. 왜냐 하면 나약한 사람들은 승리와 패배가 없는 회색의 미명 속에 살고 있기 때문이다. 삶의 기쁨은 그것을 요구할 줄 아는 정신을 소유한 사람들의 것이다."고 말했다.

우리는 성공보다 실패에서 많은 것을 깨닫고 배운다. 우리가 실패 했을 때 그것을 이겨내고 성공을 해야 한다. 성공하려면 실패와 기꺼이 투쟁할 준비가 되어있어야 한다. 실패할 때 더 많은 경험을 하고 체험을 한다.

월터 바조트는 "인생에 있어서 가장 큰 기쁨은 그대가 할 수 없다고 세상이 말하는 일을 해내는 것이다."고 말했다. "너는 거기까지야! 더 이상을 못 할 거야!"라고 말할 때도 그것을 뛰어넘는 것이다. 자신의 한계를 뛰어넘었을 때 얼마나 대단한 일인가.

'코아'라는 물고기는 어항에서 자라면 금붕어만큼 자라는데 호수에서 자라면 1미터 20센티까지 자란다고 한다. 우리도 자신을 더 넓고 크고 깊게 자라게 만들어야 한다.

전쟁터에서 고지를 점령하려면 수많은 희생을 치러야 하듯이 우리도 삶이란 전쟁터에서 성공이란 고지를 점령하려면 우리가 가지고 있는 모든 것을 투자해야 한다.

"고통은 반항적인 마음의 요새에 현실의 기를 꽂는다."는 말이 있다. 실패를 통해서 많은 것을 배운다. 열정은 우리에게 플러스 에너지를 가져오는 힘을 준다. 성공하고 싶다는 간절한 마음이 있으면 실패를 뛰어넘을 수 있다. 성취하고 싶은 일이 있다면 전력을 투구를 하여 실패를 이겨내는 것이다.

우리의 삶은 한순간을 생각하는 것이 아니다. 일생을 살아가는 것이다. 한두 번 실패했다고 절망할 필요는 없다. 실패는 성공으로 가는데 거쳐야 할 코스에 불과하다.

척 스윈돌이 이렇게 말했다.

"성공하는 사람은 실패가 두려워 뒤로 물러서는 자도 아니요, 절대로 실패하지 않는 자도 아니요, 실패에도 계속 전진해 나가는 자이다."

우리가 성공을 원한다면 실패의 고통을 이겨내야 한다. 사방에 실패의 웅덩이가 있다고 하여도 두려워할 필요가 없다. 전투에서 공격하는 병사들이 두려움이 없이 사선을 뛰어들 때 승리를 거둘 수 있다.

태양이 뜰 때도 아름답지만 노을이 질 때도 아름답고, 노을이 지고 나서도 붉게 물든 하늘도 아름답다. 우리도 그런 삶을 살아야 한다. 이 세상을 살 때도 아름답게 살아야 하지만 이 세상을 떠난 후에도 "저 사람은 정말 아름답게 살았다."는 말을 들을 정도로 아름다운 삶을 살아야 한다.

나를 만들어 준 것들

용혜원

내 삶의 가난은 나를 새롭게 만들어 주었습니다

배고픔은 살아야 할 이유를 알게 해주었고

나를 산산조각으로 만들어 놓을 것 같았던 절망들은

도리어 일어서야 한다는 것을 일깨워주었습니다

힘들고 어려웠던 순간들 때문에

떨어지는 굵은 눈망울을 주먹으로 닦으며

내일을 향해 최선을 다하며 살아야겠다는

다짐했을 때 용기가 가슴 속에서 솟아났습니다

내 삶 속에서 사랑은 기쁨을 만들어주었고

내일을 향하여 걸어갈 힘을 주었습니다

사람을 만나는 행복과 사람을 믿을 수 있고

기댈 수 있고 약속할 수 있고

기다려줄 수 있는 마음의 여유를 주었습니다

내 삶을 바라보며 환호하고 기뻐할 수 있는 순간들은

고난을 이겨냈을 때 만들어졌습니다

삶의 진정한 기쁨을 알게 되었습니다

에드가는 실패하는 것을 이렇게 말했다.

"목표를 향해 노력하다가 무참히 실패하는 것이 게으르고 소심한 사람으로 평생을 사는 것보다 낫고, 용기를 다하여 싸웠으나 박수갈채를 받지 못한 것이 모험하지 않고 혼자만의 안일 속에 살아가는 것보다 낫다. 노력하다가 실패한 사람이 좀 더 나은 날을 위한 건설자가 될 수 있기 때문이며, 비록 그가 승리를 얻지는 못했더라도 그에게서 다른 사람들은 그의 방법을 배울 것이기 때문이다."

삶의 실패라는 사선을 열정으로 뛰어넘어 성공을 손에 꽉 쥐어야 한다.

성공한 후의 기쁨은 마치 등반가가 산 정상에 올라 자기가 올라왔던 길을 내려다보는 감격의 순간과도 같다. 누구나 이 감동과 감격의 순간을 원할 것이다. 그렇다면 우리에게 다가오는 어떠한 실패의 고통도 이겨내야 한다. 실패는 성공을 위한 전초전일 뿐이다. 실패를 넘어 우리에게 희망보다 더 좋은 것은 없다.

때로는 고독과
친해질 필요가 있다

▷ ▷ ▷

삶이란 외로운 것이다. 고독이 멋진 작품을 만들고 삶을 새롭게 만들어 놓는다.

삶이란 손님처럼 왔다가 주인처럼 살다가 나그네처럼 떠나는 것이다. 그러므로 오늘 만나는 사람과 지금 하는 일에 최선을 다하며 살아야 한다. 열심히 일하지 않는 사람들은 대부분 내일의 희망도 지니지 못하는 사람들이다.

실패는 가치 있다. 실패했기에 성공은 더 가까이 다가온다. 성공의 비결은 실패를 피하는 것이 아니라 실패를 통해서 배운다. 우리는 아픔과 상처를 통해서 더욱 배워 나간다. 넘어지고 쓰러지는 경험을 통해서 온전하게 걷는다.

모든 예술 분야도 마찬가지다. 처음부터 훌륭한 작가나 연주가가 될 수는 없다. 실패를 통해서 성공이 이루어진다. 실패했다고 말하지 말라. 경험했다고 말하라. 포기했다고 말하지 말라 체험했다고 말하라.

실패란 바느질할 때 쓰는 말이다. 포기란 배추나 셀 때 하나둘 세는 말이다. 계란도 남이 깨면 부침이나 찜밖에 되지 않는다. 스스로 깨고 나와야 병아리가 되고 수탉이 된다. 우리는 실패와 시련을 통하여 성장한다. 어부에게 파도는 언제나 벗이다. 파도를 잘 알아야 훌륭한 어부가 될 수 있다.

잭 팬은 "인생의 비밀 중의 하나는 발에 걸린 돌부리를 디딤돌 삼아 앞으로 나가는 것이다."라고 말했다. 실패의 뼈아픈 눈물 없이 기쁨을 가져다주는 성공은 어디도 없다. 세상이 떠나가게 울고 싶도록 실패를 했다면 세상에 떠들썩한 성공도 만들어낼 수가 있다.

스티브 잡스 전기에 보면 "세상을 바꿀 수 있다고 생각할 만큼 미친 사람들이 결국 세상을 바꾸는 사람들이다."고 말했다. 그러므로 맹목적으로 미치면 바보 같은 삶을 살지만 꿈을 이루어가는 사람은 행복한 삶을 살아간다.

빌 게이츠는 신문기자가 성공의 비결을 묻자 대답했다.

"나는 날마다 두 개의 최면을 건다. 오늘은 왠지 좋은 일이 생길 것

같다. 나는 뭐든지 할 수 있다."

우리는 실패나 시련을 새로운 사고방식으로 받아들여야 한다. 즉 실패를 외면하지 말고 인정할 필요가 있다. 실패는 다시 일어서기 위한 필수조건이다.

우리의 삶은 시련과 역경을 통하여 더욱 더 성숙한다. 실패는 도전을 창출하고 도전은 변화를 창조하며 변화는 성공을 위하여 꼭 필요하다. 변화와 도전이 없다면 성장이 어렵고 성공할 수도 없다.

변화하기를 원하는 사람들은 늘 실패를 경험한다. 그러나 죽은 사람이나 자포자기한 사람은 실패를 겪지 않는다. 우리가 실패하는데 분명한 원인이 있다.

그 원인을 알고 극복하면 실패를 쉽게 벗어날 수 있다. 가장 중요한 것은 확고한 마음이다.

월트 디즈니가 그림을 그렸다. 그림 원고를 들고 신문사를 찾아다녔으나 허탕쳤다. 신문사 편집자들은 하나같이 냉담한 반응을 보일 뿐이다.

"당신은 재능이 없소! 단념하시오!"

하지만 월트 디즈니는 꿈을 저버리지 않았다. 그에게는 강렬한 삶의 목표가 있었기 때문에 거듭 거절을 당해도 체념하지 않았다.

이곳저곳을 찾아다니다가 겨우 행사 광고 표지에 그림 그릴 수 있는 일을 시작했다.

수입은 적었지만 잠을 잘 장소이고 그림을 그릴 수 있는 낡은 창고를 얻었다. 어느 날 그림을 그리고 있는데 어디선가 생쥐 한 마리가 나왔다.

월트 디즈니는 그림을 그리던 손을 멈추고 빵 조각을 떼어 주었다. 그리고 생쥐를 한번 그려보았다.

이 생쥐가 바로 지금의 디즈니사의 대표 캐릭터가 된 유명한 미키 마우스의 탄생이다.

월트 디즈니가 가난한 시절 자기가 거처하던 곳에 쥐까지 나왔던 비참한 순간을 도리어 세계인에게 사랑을 받을 수 있는 캐릭터로 만들어 내었던 것이다.

그는 만화 그리기라는 자기 장점을 최대한 살려내는 데 자신감이 있었고, 만화 그리기라는 자기 장점을 최대한 살려냈다. 고난과 절망을 극복하여 세계적인 인물이 되었다.

살아간다는 것은

용혜원

고독은 고독대로

사랑은 사랑대로 얼마나 멋진 것이냐

살아간다는 것은 즐거운 일이다

내 심장이 펄떡 뛰고 푸른 생명이 솟는다

부딪치는 고통과 더 친해져야겠다

다가오는 고통을 반갑게 맞아들이자

가슴에 꿈을 품고 이루어가자

어려움이 닥칠 때 도망치고 숨으면 달라질 것이 없다

달려들고 뛰어들어 헤쳐 나가자

시류에 따라 굴절되지 말고 곧고 바르게 나가자

절망 속에 살아가면

세상은 온통 어둠뿐이지만 집념을 갖고 살아가면

세상은 찬란하게 빛난다

생각하던 것보다 더 멋지게

더 아름답게 다가온다

어떤 결단을 내려야 할 때 망설이지 않고 분명한 결심을 하고 그 결심대로 추진해 나간다면 성공적인 삶을 살 것이다. 사람의 성공과 실패는 매 순간 어떤 결단을 내리느냐에 달려 있다. 실패가 우리의 마음을 짓누르면 걱정에 빠져 고민하는 데 시간을 보낼 필요가 없다.

자신에게 이익이 되는 일에 신경을 쓰고 열정을 쏟아야 하나 실패의 진정한 원인을 찾기 위해 자기 내면 관찰을 시작하기 전에는 아무도 영원한 성공을 보장할 기회를 얻을 수 없다.

실패를 우리가 장애물로 보는지 아니면 디딤돌로 보는지에 따라 저주도 될 수 있고 축복도 될 수 있다. 이 모든 것은 우리의 마음가짐에 달려 있다.

주변 탓하지 말고
내 자존감을 높여야 하는 이유

▷ ▷ ▷

이 세상을 멋지고 활기차게 살아가는 사람들은 자신의 가치를 느끼고 존재감을 느끼며 뜨거운 열정을 가졌다. 이 세상의 주인공들은 바로 열정을 가진 사람들이다. 열정은 뜨거운 마음이다.

여름날에는 작열하는 태양이 온 땅에 열기를 더한다. 그 뜨거운 열정 속에 나무들은 자라고 곡식은 열매를 맺고 과일들은 탐스럽게 익어간다.

여름날 땀 흘려 일하고 마시는 시원한 냉커피의 맛이란 정말 시원하다. 여름날에는 자라나는 모든 생명체의 쑥쑥 자라는 소리가 들릴 정도로 성장 속도가 빠르다.

열정을 가진 사람들은 거대한 힘을 창출해내는 사람들이다. 빗방울이 쏟아져 내릴 때 한 방울 한 방울은 아무런 힘도 나타내지 못하나 빗방울이 모이면 시냇물이 되어 흐르고 시냇물이 모이면 강물이 되어 흐른다. 강이 사라지는 곳은 바다다.

열정을 가진 사람들은 목표가 분명하고 유머가 있고 자신감이 넘치며 자기 일의 집중력이 대단하다. 그들은 자신은 물론 가족과 주변 사람들까지 행복하게 만드는 사람들이다. 열정을 가진 사람들의 가슴에는 내일을 향한 꿈이 가득하다. 태양이 빛을 발하고 나무가 꽃이 피고 열매를 맺듯이 열정을 불태우며 자신의 능력을 마음껏 쏟아내는 사람들이다. 그들과 같이 있으면 신바람이 절로 난다.

이 시대를 이끌어가는 열정이 있는 사람들은 환경이나 조건을 따지기보다 자신의 가능성을 찾아내 가능으로 바꾸어 놓는 사람들이다. 크나큰 성도 돌 하나에서 시작한다.

큰 강도 물 한 방울에서 시작한다. 자신의 가슴에 뜨거운 열정만 있다면 크나큰 변화를 가져올 수 있다.

우리에게는 무엇을 갖고 있느냐의 문제가 아니라 우리가 가진 것으로 어떻게 열정을 쏟아서 무엇을 해 나가느냐가 진정한 문제이다. 우리는 모든 열정을 여름날 소나기가 쏟아지듯이 쏟아내야 한다.

열정

거침없이 아무런 두려움 없이

폭죽 터지듯이 피어나는 봄꽃들처럼

살아있는 심장에서 뜨겁게

터져 나오는 불꽃이다

마음의 중심에서 타올라 뜨겁게 내뿜는

강렬한 열기를 아무도 막을 수 없다

자기 속에 감추어져 있고 숨어 있던

무한한 잠재력을 끌어올리는 힘이다

열정은 모든 역경을 이겨내고

모든 난관을 헤쳐 나가며

모든 가능성을 찾아내

자신을 변화시키고 세상을 변화시킨다

실패를 조금도 두려워하지 않고

꿈과 비전을 향해 마음껏 솟구치며

삶을 활짝 꽃피우고 열매를 맺게 한다

가슴이 식을 줄 모르고 뜨거운 사람들이

시대를 앞서 나가며 이끌어간다

뜨거운 열정 앞에 모든 악조건은 고개를 숙이고

열정은 고난 속에서 더 강렬해진다

열정이 있는 사람들의 눈빛 속에서

성공을 읽어낼 수 있다

열정이 있는 사람들의 순수한 열정이

성공을 만든다

칭기즈칸은 자신의 삶을 이렇게 말했다.

"집안이 나쁘다고 탓하지 말라. 나는 아홉 살 때 아버지를 잃고 마을
에서 쫓겨났다. 가난하다고 말하지 말라. 나는 들쥐를 잡으며 연명했
고 목숨을 건 전쟁이 내 직업이었고 내 일이었다. 그림자 말고는 친구
도 없고 백성은 어린애 노인까지 합쳐 2백만도 되지 않았다. 배운 게

없다고 힘이 없다고 말하지 말라. 나는 내 이름도 쓸 줄 몰랐으나 남의 말에 귀를 기울이면서 현명해지는 법을 배웠다. 너무 막막하다고 그래서 포기해야겠다고 말하지 말라. 나는 목에 칼을 쓰고도 탈출했고 뺨에 화살을 맞고 죽었다가 살아나기도 했다. 적은 밖에 있는 것이 아니라 내 안에 있다. 나는 내게 거추장스러운 것은 모두 쓰러뜨려 버렸다. 나를 극복하자 나는 칭기즈칸이 되었다."

칭기즈칸에게 열정이 없었다면 그 일생은 초라하게 끝나고 말았을 것이다. 확신과 열정이 없으면 아무도 도전하여 이루어 낼 수가 없다.

열정을 쏟으면 삶이 변화를 시작한다. 열정이 있으면 삶이 열매를 맺기 시작한다. 여름의 뜨거운 태양처럼 열정을 쏟으며 살기를 원하는 사람들에게 들려주고 싶다.

내 안의
의욕 깨우기

▷ ▷ ▷

성공은 성취하려는 의욕에서 출발한다. 의욕이 없으면 성공을 향하여 출발하기가 쉽지 않다.

스튜어트 존슨은 이렇게 말했다.

"인생에서 우리가 할 일은 다른 사람을 이기는 것이 아니라. 우리 자신을 이기는 것이다."

우리는 성공을 성취하려는 의욕이 충만해야 한다. 자신감은 자기 자신을 나타내는 힘이다. 자신감은 자신의 능력을 나타내는 힘이다.

나는 언제나 소중한 단 한 사람이다. 그러므로 자신을 소중하게 생각하는 힘과 의욕이 있어야 능력이 발휘되어 성공을 만들어낸다. 자신의 존재 가치를 분명하게 아는 사람은 어떠한 형편에서든지 그 가치를 찾는다. 그리고 어떤 악조건과 불리한 상황과 어려운 것도 바꾸어 놓을 힘이 있다. 이것이 바로 의욕이다. 나의 지금 상황이 어떠하든지 자신의 존재 가치를 인정하고 최선을 다해야 한다.

역사상 위대한 일을 한 사람들은 뜻밖에 열등감이 강했던 사람이다. 그들은 빈곤, 육체적 불리함, 신분, 집안, 학업성적 때문에 지독한 열등감을 가졌다. 그러나 그들은 이 모든 것들을 새롭게 만들 기회로 삼아 성공을 만든 사람들이다.

우리가 자신감을 잃어버리면 인간적 성장이 멈추고 학업성적도 점점 나빠진다. 우리가 자신감으로 충만할 때 성공은 우리의 품 안으로 찾아 들어온다. 의욕을 가져야 한다. 삶을 성공으로 만드는 의욕이다. 의욕이 있는 사람이 큰 꿈을 이루어간다.

자신감에는 올바른 자신감과 잘못된 자신감이 있다.

첫째, 상황에 대처할 방법을 아는 사람의 자신감이다. 일찍이 어떤 사람이 굉장한 속도로 하늘을 나는 놀랄 만한 비행사 가운데 한 사람에게 이렇게 말하였다.

"정말 무서운 위험을 무릅쓰게 되겠습니다."

그러자 그는 이렇게 대답했다.

"내 일에서 가장 중요한 것은 절대로 위험한 일을 저지르지 않는다는 것입니다."

그는 인간으로서 가능한 한 완벽한 준비를 했다. 예견할 수 있는 그러한 상황에 대처할 수 있는 자신감을 가졌다. 이것은 잘못된 자신감이 아니다. 그것은 자신의 능력을 아는 사람이 자기이기 때문이다.

둘째, 스스로 재능을 올바르게 의식하는 사람의 자신감이다. 발자크는 소년 시절 아버지에게 "저는 작가가 되어서 문학에 일생을 바치려고 생각합니다."라고 말했다. 아버지는 작가로서 출세하는 길이 위험과 성공한 경우의 보수를 잘 알고 있었다. 그래서 아버지는 이렇게 말했다.

. "직업으로서 문학을 택하여 작가가 된다면 네 장래는 거지가 아니면 제왕 그 어느 하나일 것이다."

"좋습니다. 전 제왕이 되겠습니다."라고 대답을 하였다. 자기의 능력을 아는 사람이 자기로는 그것을 할 수 있다는 자신에서 큰일을 기꺼이 받아들이고 큰 봉사에 기꺼이 몸을 바치는 일은 잘못이 아니다. 그러나 건방지고 오만하며 자만에 빠진 자신감은 잘못이다. 자신감이 지나쳐서 자기를 숭배하게끔 되면 자신감이 아니라 자만이다.

우리가 성공하려면 자신감을 지니는 것이 중요하다. 자신감을 지니는 것은 우리의 삶을 성공으로 이끌어 가는 대원칙이다. 우리가 자신감을 가지는 일이 모든 문제를 해결하는 출발점이다. 자신감을 지니지 못하면 프로의식도 갖지 못하고 만족함도 얻지 못한다. 자신감이 없기에 자신만을 위하여 마음을 졸이고 작아질 때가 있다. 자신의 틀에서 벗어나 자신감을 가져야 한다. 누구라도 자신감을 지니고 살아가야 한다.

자신감을 가지기 위한 첫걸음은 모든 원인을 자신이라고 받아들이는 것이다. 자기를 과신한다든지 과대평가, 또는 과소평가를 해서도 자신감은 생겨나지 않는다.

냉정하게 자신의 능력을 판단하고 부족한 점 그리고 취약점을 발견하여 보충하려는 노력을 끊임없이 해야 한다. 자신의 능력에 안주한다든지 그렇지 않으면 반대로 체념한다든지 하지 말고 자기 계발을 해나가야 한다. 처음부터 자신감이 충만한 사람은 없다.

우리에게 많은 재능이 있다고 하여도 그 숨어 있는 재능을 잘 활용하지 않으면 자신감 있게 살아갈 수 없다. 자신을 바르게 나타내어 성공을 향하여 달려가야 한다.

나를 인정해 주는
친구의 소중함

▷ ▷ ▷

　친구가 있다는 것은 참 행복하고 즐거운 일이다. 행복한 사람들은 언제나 동고동락을 같이할 다정다감한 친구가 있다. 프랭클린 루스벨트는 성공하려면 세 가지를 가져야 한다고 하였다. 그것은 바로 '믿음'과 '미래'와 '친구'이다.

　친구란 오래 두고 가깝게 사귄 벗이다. 친구와 많은 것을 함께 한다. 음식을 먹고 이야기도 하고, 영화도 보고, 웃기도 하고, 때로는 울기도 한다. 친구와 꿈을 나누고 인생을 나누고 사랑을 이야기하며 함께 나눈다.

　이런 말이 있다.

"한 시간이 주어지면 책을 읽고 한 달이 주어지면 친구를 사귀어라."

여행을 하는 데 드는 시간보다 친구를 사귀는 데 걸리는 시간이 더 길다는 뜻이다.

책을 읽는 것이나 여행을 하는 것 모두 중요하다. 이런 일들을 위해 마땅히 시간을 투자해야 한다. 친구를 사귀는 데 더 많은 시간을 들여야 한다. 쉽게 사람들을 만나고 필요할 때 서로 함께 해주어야 한다. 나무를 심어 숲이 되려면 20여 년의 시간이 걸린다. 나무같이 진실한 친구를 얻기 위해서는 오랜 시간이 필요하다. 친구는 세상의 소유보다 더욱 가치 있는 재산이다.

인디언들에게 친구라는 말은 "나의 슬픔을 그의 등에 지고 가는 사람"이다. 인디언들이 말하는 친구라는 뜻은 시적인 운치도 있고 인생에 대한 깊은 의미가 있다. 친구란 "오랫동안 가까이 지낸 사람"이다. 로마 시대 키케로는 "친구는 나의 기쁨을 배로 하고 나의 슬픔을 반으로 한다."고 하였다.

친구가 자신을 인정해 줄 때 기분이 좋다. 사람들은 누구나 자기를 인정해 주기를 바란다. 자기를 보는 동시에 자기의 말을 들어주기를 바란다. 나는 친구를 좋아하고 사랑한다. 그래서 친구에 관한 많은 시를 썼다.

네가 내 가슴에 없는 날은

용혜원

친구야

우리가 꿈이 무엇인가를 알았을 때

하늘의 수많은 별들이

빛나는 이유를 알고 싶었지

그때마다, 우리 마음에, 꽃으로 피어나더니

아이들의 비누방울마냥 크고 작게

하늘로 하늘로 퍼져 나갔다

친구야

우리들의 꿈이 현실이 되었을 때

커다랗게 웃었지

우리들의 꿈이 산산이 깨져버렸을 때

얼싸안고 울었다

욕심 없던 날, 우리들의 꿈은 하나였지

친구야

너를 부른다. 네가 내 가슴에 없는 날은

이 세상에 아무것도 없었다

친구는 세 종류가 있다.

빵 같은 친구는 언제나 만나도 반갑고 좋은 친구다. 약 같은 친구는 꼭 필요할 때 도와주는 친구다. 질병 같은 친구는 늘 괴롭히는 친구다. 우리는 빵 같은 친구, 약 같은 친구가 되어야 한다. 문득 보고 싶으면 달려가서 만날 수 있는 친구가 있어야 삶이 외롭지 않다.

친구야! 네가 있어 나는 행복하다.

허세를 버리고
신뢰를 얻자

▷ ▷ ▷

성공하는 사람은 신뢰를 쌓는다.

남이 자신을 신뢰하게 만들고 남도 자신에게 신뢰를 느끼게 만든다. 우리 주변에는 똑같은 삶을 살아가면서도 기쁨을 주는 사람이 있다.

진실한 삶을 살아가는 사람은 아름답다. 거짓된 삶이 습관화되면 추해지고 자꾸 포장된다. 진실은 있는 그대로의 삶을 보인다. 천지 만물은 있는 그대로의 모습을 우리에게 보인다.

그러나 유독 인간만은 가식과 교만, 오만으로 과장하고 포장하여 허세를 부리는 경우가 있다. 우리 주변을 밝게 해주는 이들은 역시 진실한 사람들, 욕심 없이 있는 그대로 사랑을 주는 사람들이다. 진실한 사람은 어둠을 밝혀주는 가로등보다 사람들의 마음을 더 따뜻하게 해준다. 오늘도 바로 그 진실한 사람들이 있기에 세상은 살 만한 것이 아닐까. 진실한 삶을 살아가는 사람 중의 하나가 바로 우리라면 얼마나 행복한 일인가.

폴 고갱이 이렇게 말했다.

"나는 남을 항상 의심하느니 차라리 믿다가 속임을 당하는 길을 택하겠다. 속임당한 고통은 잠깐이지만 의심하는 고통은 끝이 없기 때문이다."

우리가 성공하려면 신뢰를 받을 만한 사람이 되어야 한다. 우리가 현재보다 더 놀라운 성공적인 삶을 살아가려면 신뢰를 바탕으로 인간관계를 가져야 한다. 서로 간에 신뢰가 밑바탕을 이루면 신뢰가 없을 때보다 성공적인 결과를 만든다.

오닐은 이렇게 말했다.

"모든 위기는 우리로 하여금 다시 태어나게 하고 우리 자신을 독립체로 재인식하도록 하며 성장과 자아실현을 더욱 완전하게 하는 기회를 가져다준다. 이런 가능성을 가장 잘 표현한 단어가 중국어의 위기이다. 이 단어는 두 상장을 동시에 나타내고 있다. 하나는 위험이며 다른 하나는 기회이다."

어떤 사람이 극장에서 연극을 보는 중이었다. 그는 옆 사람에게 이렇게 말했다.

"저 여배우 연기가 참 시시하군요!"

가만히 듣고 있던 옆 사람이 말했다.

"저 여배우는 제 아내입니다."

"이런 참 실례를 했습니다. 여배우의 연기가 잘못된 것은 극작가가 작품을 잘못 쓴 것 같은데요!"

이 말을 들은 사람이 말했다.

"이 작품의 작가는 바로 나입니다!"

곤경을 이익으로 전환시켜라. 실패를 생산적으로 이용하라. 그러면 우리는 신뢰 속에서 성공을 이루어갈 수 있다. 신뢰는 우리가 삶이라는 사다리를 오르면서 꼭 가져야 할 주요한 것 중의 하나이다.

우리가 신뢰를 받지 못하면 성공할 수 없다. 신뢰를 받는다는 것은 세상을 좀 더 긍정적으로 살아갈 수 있게 하는 힘의 원천이다. 우리는 신뢰가 무너지지 않도록 노력해야 한다.

신뢰받기 위하여 가져야 할 덕목에는 네 가지가 있다. 이 네 가지 덕목을 비행기에 비유한다면 정의로운 것은 엔진, 즉 추진력에 해당할 수 있다. 그러나 추진력으로만은 불충분하다. 비행기를 조종할 사람이 필요하다. 신중함이 조종사에 해당한다. 그리고 용기와 절제는 비행기를 띄우는 양쪽 날개라 할 수 있다. 날개가 없으면 비행기는 추락

한다. 균형을 잡지 않으면 결국에는 비행에 실패한다. 신뢰하는 마음도 마찬가지다. 모든 것이 조화를 이루어져야 좋은 인간관계를 가질 수 있다.

우리는 신뢰를 주고받으며 살아가야 한다. 누구에게든지 신뢰는 한 번 잃으면 회복하기가 힘들다. 신뢰는 성공을 만드는 힘이 된다. 우리는 신뢰할 만한 이미지를 심어주고 진실하게 행동해야 한다. 개인이나 기업의 성공에 절대적으로 영향을 미치는 힘은 바로 부정적인 마음이 아니라 긍정적인 마음이다. 긍정적인 마음은 신뢰를 만들어준다.

상대의 말을 잘 들어줌으로써 상대가 최고라는 생각을 할 수 있다면 그것보다 더 값진 예우는 없을 것이다. 돈만을 위해 일한다면 결코 신뢰하는 마음을 주고받지 못할 것이다. 우리가 성공을 위하여 신뢰할 수 있는 참된 수고를 해야 삶이 가치가 있는 것이다.

겨울나무에서
기다림을 배운다

▷ ▷ ▷

기다림은 그리움을 만들고 사랑하고픈 마음을 더 간절하게 만든다. 누군가를 그리워하고 기다린다는 것은 참으로 행복한 일이다. 기다림이 있는 사람은 사랑할 대상이 있다는 것이다.

사랑할 대상이 없고 사랑을 받지 못해 절망하는 사람이 얼마나 많은가. 수많은 사람이 이 기다림 속에서 삶의 기쁨과 고통을 느끼며 살아간다. 누구든 사랑에 빠져 사랑하는 이를 기다려 본 사람이라면 기다림이 행복이면서도 얼마나 가슴을 저리게 하는 아픔인지를 안다.

겨울나무를 보면서 기다림의 아름다움을 배운다. 나무는 한겨울 매서운 찬바람이 불어와도 끄떡하지 않고 제자리를 지키고 서 있다. 눈

보라가 몰아치고 손발이 시려도 모든 손을 하늘로 뻗고 모든 발을 추운 땅속에 묻고 봄을 기다린다.

무엇을 기다리는 것일까. 봄이다. 봄꽃이 피고 나뭇잎이 새롭게 돋아나는 봄, 그 찬란한 봄을 알기에 나무는 한겨울 추위도 아랑곳하지 않고 굳건히 견딘다. 나무는 곧 꽃들의 잔치가 시작됨을 알기에 환호할 날을 기다리며 그 길고 긴 시련과 고통을 견딘다.

기다림은 인내심 속에 이루어진다. 인내심은 마음이 움직이는 것이다. 성공은 하루아침에 이루어지는 것이 아니기에 우리에게 맡겨진 일에 최선을 다하며 기다리는 것이다. 씨앗이 나무가 되어 열매를 맺을 때까지 기다림이 있는 것처럼 성공도 마찬가지다. 잘 기다릴 줄 아는 인내가 있는 사람이 성공한다.

미국의 템플 대학교를 창설한 러셀 콘웰 박사는 제1차 세계대전이 끝날 무렵 미국의 백만장자들, 적어도 갑부라고 할 만큼 돈을 많이 모은 사람들 4,043명의 삶을 조사해 보았다.

그런데 조사한 결과 놀라운 것은 백만장자들 가운데는 고졸 이상의 학력을 지닌 사람은 불과 69명밖에 없다는 사실이었다. 그들이 백만장자가 되기까지 돈과 교육, 정규훈련 등에 있어서 일반적으로 부족한 생활을 했다는 결론을 정하게 되었다.

콘웰 박사는 그들의 생애가 평범한 다른 사람들과는 같지 않다는 점을 지적하였다. 그들은 삶을 출발할 때 분명한 목표를 가지고 삶을 살아갔다는 것이다. 성공적인 삶을 위해서는 그 마음속에 뚜렷한 목표를 가지고 그것을 위해서는 전력투구해야 한다. 그들은 마음속에 열화 같은 소원을 품었다는 것이다.

그들은 인내를 지녔다. 성공의 문에 들어서기까지는 길고 어두운 밤을 지내야만 한다. 그 어두운 밤을 무사히 견디어낼 수 있는 사람만이 곧 성공의 아침에 도달할 수 있다. 성공하는 사람들은 인내하며 그들의 꿈을 이룬다.

우리의 삶이란 계속 선택하며 결단하는 것이다. 선택과 결단의 긴장 관계 속에서 살아간다. 우리는 선택해야 한다. 하나를 선택하기 위하여 다른 것을 포기해야 할 줄도 알아야 한다. 선택을 제대로 하지 못하면 문제가 생긴다. 우리는 삶을 책임지며 살아가야 한다.

기다림은 마음의 여유를 준다. 삶을 생각하고 도전하고 남을 이해하는 힘을 길러준다. 오늘도 우리는 기다림이 있기에 그리움을 만들면서 살아간다. 기다림 속에 모든 것을 만나면 반갑고 새롭다. 행복은 그 기다림만큼 더 커진다. 기다림은 깊은 감동과 함께 우리의 삶속에 계속된다.

마음에 그림을 그리면
그리움이 된다

▷ ▷ ▷

여행이란 준비하고 기다리는 순간도 참 좋다. 기대감도 몰려오고 설렘도 함께 한다. 여행하며 가벼운 마음으로 새로운 풍경에 몸과 마음을 담는 것은 아주 기분 좋은 일이다. 여행을 떠나 보면 생각한 것과 본 것은 역시 다르다. 여행 소개 책을 읽는 것과 실제로 보는 것도 역시 다르다. 체험보다 소중한 것은 없다. 보고 알고 느껴야 삶의 맛이 더욱 살아나 기분이 좋다.

"죽을 각오로 시간 내어 여행을 떠나라."는 말의 의미가 새롭다. 인생 자체가 여행이라 하지만 자신이 가고픈 곳으로 여행을 떠나야 풍요롭게 감성이 잘 살아난다. 여행을 체험하면 할수록 생기가 돌고 감동이 넘친다.

여행을 떠나라 인생이 달라진다. 삶을 방관하지 말고 실감 나게 살아야 한다. 여행은 자신의 삶에 새로운 변화를 준다. 잠자던 열정을 깨우고 자신감을 충만하게 만들어준다. 여행은 더 온전한 삶을 살고자 스스로 떠나는 것이다.

삶이란 무대에는 연습이 없다. 단 한 번 주어진 시간이다. 언제나 자신에게 투자하고 열정을 쏟고 모든 일에 있는 힘을 다해야 한다. 일할 때는 일하고 쉴 때는 분명하게 쉬어야 능률이 나고 사는 맛을 느낄 수 있다. 시간이 없다고 말하지 말고 틈을 내어 여행을 떠나야 한다. 일에만 빠져 있으면 지치고 살맛이 달아나고 힘들어진다.

여행(旅行)은 "가다, 걷다, 나아간다. 달아난다. 돌아다니다. 흐르다. 움직이다. 보내다. 행하다. 일하다."를 말한다. 여행이란 말은 인간이 행동하는 것을 잘 표현하고 있다. 틀에 박힌 삶을 사는 것은 사는 아니라 죽은 것이다. 살아가는 것은 그냥 숨을 쉬고 호흡하는 것만이 아니라 행동하며 느끼며 사는 것이다.

여행은 삶을 더욱더 성취감 있고 흥미를 갖게 하고 깊은 의미를 느끼게 해준다.

여행을 떠나기를 누구나 원한다. 여행을 가기를 원한다면 용기가 필요하다. 잠시 하던 일을 멈추고 떠날 용기가 있어야 한다. 세상의 언어

가운데 두 가지 언어만 남긴다면 '사랑과 여행'이라는 말이 있다. 여행에는 우수가 있고, 고독이 있으며 낭만이 살아있고 환희와 감탄이 있다. 그 모든 과정이 삶을 성숙하게 만든다.

여행하기 위해 우선 있는 그대로 수용할 수 있는 마음을 가져야 한다. 여행은 만남이다. 새로운 자연과 새로운 풍물과 역사와 미래와 현재를 만난다. 여행에는 반드시 주제와 목적이 있어야 한다. 주제가 없는 여행은 방황에 불과하다. 사람들은 누구나 영혼에 안식을 추구하며 산다.

자신이 추구하는 것을 목표로 삼고 기쁨 속에서 이루어가야 한다. 열정을 갖고 정상에 오르고 싶다면 탐욕을 버려야 한다.

확신하는 것은 비참한 시련을 거치고 이루어질 때까지 최선을 다해 노력해야 한다. 그리고 시간이 허락될 때마다 휴식을 얻기 위해 여행을 떠나야 한다. 인간의 몸과 마음은 안식을 원한다. 희망과 목표를 이루려면 안식할 수 있는 습관을 지녀야 한다.

여행은 상상을 실제로 볼 수 있다는 쾌감을 만끽할 수 있어 더욱 좋다. 삶은 백지로 만든 책인데 여행을 통하여 아름다운 그림을 그리는 것이다.

강박관념에서 벗어나
내 마음 챙기는 방법

▷ ▷ ▷

성공하는 사람들은 분주한 중에도 자신의 삶을 즐길 줄 아는 사람이다. 우리의 마음가짐과 정신을 새롭게 하면 모든 것은 새롭게 변한다. 삶의 긴장감이 주어지면 더 박진감이 넘치고 새롭다. 자신 속의 내재한 잠재력을 믿고 도전한다면 성공을 이루어낼 수 있다.

삶을 즐겁게 살아가면 웃음이 넘친다. 웃음은 온 몸을 운동시켜줄 뿐만 아니라 마음까지 운동시켜 준다. 웃음은 몸 전체를 움직이게 하여 주고 마음의 긴장도 풀어주고 생기가 넘치게 하여 준다. 그러므로 마음을 가볍게 하고 진지함을 덜며 즐거운 시간을 많이 가져야 한다.

미국에서는 하루 평균 6백만 개의 수면제가 팔린다고 한다. 언제 어디서나 눕기만 하면 잘 수 있는 사람은 행복한 사람이다. 마음을 편하게 하고 즐겁게 하는 것이 인간다운 멋진 삶이다.

프랜시스 베이컨은 "건강한 육체는 응접실이고 병약한 몸은 감옥이다."라고 말했다. 우리는 때로 건강을 잃었다고 해도 즐거움을 놓쳐서는 안 된다.

자신이 말하는 것을 마음속으로 부정하고 있으면 병을 절대로 고칠 수가 없다. 웃음과 즐거움은 우리의 병도 고쳐 낼 수 있다. 삶을 즐겁게 살아가라.

이 세상에서 가장 행복한 사람은 누구일까? 그 사람은 바로 자기가 원하는 일을 통하여 성공하며 삶을 즐길 수 있는 사람이다. 우리의 삶도 하나의 예술 작품이다. 그러므로 창작하는 즐거움을 느끼고 살아가야 한다.

에디슨은 하루에 18시간 이상 일을 했지만 자기 일을 즐거운 오락이라고 말했다. 자기 일을 즐겁게 하는 사람이 성공한다. 즐겁게 일을 해야 능률도 오르고 성과도 좋아진다.

어두운 사람은 아무에게도 호감을 주지 못한다. 밝고 쾌활한 사람의 주변에는 사람들이 찾아온다. 우리의 삶은 단 한 번뿐인 소중한 삶이다. 웃고 즐겁게 일해도 짧은데 어둡고 칙칙한 모습으로 한탄하며 지낸다면 불행만이 찾아와 노크할 뿐이다. 우리는 날마다 즐거운 마음으로 삶을 즐기며 살아야 한다.

〈런던 타임스〉에서 '가장 행복한 사람의 정의'에 대한 설문조사를 했다. 제일 행복한 사람, 제일 행복한 순간, 제일 행복한 일에 대한 생각은 이러했다.

첫째, 바닷가에서 모래성을 완성한 어린이가 제일 행복하다는 것이다. 곧 무너져 버릴 것이지만 아이들은 모래성을 정성껏 만들어 놓고는 세상을 다 얻은 것처럼 탄성을 지르고 좋아하고 행복해한다.

둘째, 방금 아기를 목욕시키고 난 어머니, 방금 아기를 재우고 난 어머니의 뿌듯한 모습이 제일 행복해 보인다고 했다.

셋째, 공예품을 막 완성한 목공이 제일 행복해 보인다고 했다. 작품을 애써서 만들어 놓고 그 성취감에 도취된 모습이 그렇게 행복해 보일 수가 없다고 했다.

넷째, 어렵고 힘든 수술 끝에 생명을 살려낸 의사가 제일 행복한 사람일 것이라고 했다. 어떤 일이든지 자신이 하는 일을 끝까지 잘 이룬 사람들이 행복해 보인다.

우리가 잘 아는 동화 중에 굴뚝 청소부 이야기가 있다. 굴뚝을 청소하고 나온 두 청소부가 서로의 얼굴을 바라보았다. 한 사람은 숯검정이 많이 묻어 있었고 다른 한 사람은 별로 묻어 있지 않았다. 그런데 많이 묻은 사람은 적게 묻은 사람을 보며 얼굴을 닦지 않았고 적게 묻은 사람은 상대 얼굴을 보며 닦았다는 이야기이다.

이 동화 이야기는 우리가 상대편을 바라보기에 얼마나 익숙한가를 알려주고 있다. 자신의 얼굴을 보았더라면 검정 때가 많이 묻은 사람이 자기의 얼굴을 닦았을 것이다. 하지만 서로 다른 사람의 얼굴을 바라보며 자기의 얼굴에 묻은 때를 생각하지 못했다. 자신을 살펴볼 줄 알아야 한다. 남과 비교하거나 쳐다보면 자신의 삶을 즐길 수가 없다. 자기에게 주어진 길에서 최선을 다할 때 마음의 여유도 생기고 기쁨도 찾아온다.

우리의 마음이 어두워지는 것은 자신도 모르게 부정적인 생각이나 불길한 마음이 생기기 때문이다. 매사에 어두운 쪽으로 생각하는 나쁜 버릇이 어느 사이에 몸에 밴 까닭이다. 우리는 밝고 즐겁게 살아야 한다. 들에 핀 들꽃을 가만히 바라보면 알 수 있다.

작은 풀꽃들도 빛을 향하여 자라나고 빛을 좋아한다. 삶을 즐겁게 살아가는 사람들은 성공이라는 꽃을 활짝 피우고 열매를 풍성하게 맺는다. 어떠한 일이든지 부정적으로 생각하기보다는 긍정적으로 생각하며 삶을 즐겁게 살아가야 한다.

사람들은 누구나 자신의 삶을 멋있고 신나고 재미있게 살아가려 한다. 삶을 열심히 살아가는 것도 중요하지만 맹목적으로 열심히 산다면 무미건조하고 의미가 없어진다. 우리의 삶도 하나의 무대라면 연출을 잘해야 한다. 삶을 즐겁게 살 때 재미가 있고 성취감이 높아진다. 우리가 원하는 성공에 이른다.

삶에서 쾌활함을 잃지 않고 일에 충실한 사람들은 삶을 즐겁게 살아간다. 즐거움은 우리의 마음에 탄력을 가져다준다. 활기차게 일할 수 있음으로써 두려움과 염려들은 다 사라지고 어느 사이에 희망을 불러들여서 성공을 만들어 간다. 성공을 이루고자 하는 마음은 늘 건전하고 행복하다.

즐거움 속에 살아가면 이 즐거움은 다른 사람에게도 영향을 미친다. 즐겁게 일하는 사람이 옆에 있으면 남들도 따라서 의욕을 불태운다. 열의를 가지고 즐겁게 일하면 평범한 삶일지라도 보람을 느낄 것이다. 우리가 얼마나 즐겁게 일을 하느냐에 따라서 일의 성과도 달라진다. 즐거운 마음으로 일을 하면 놀라운 결과를 만들어낸다. 즐거움은 높은 성과를 만들어낸다.

모든 일의 여유를 갖고 욕심을 버리면 마음과 영혼이 따뜻하고 행복할 수 있다. 날마다 자기만의 시간을 가지고 취미 생활을 하거나 독서나 수집 자신의 생활과 나이에 맞는 일을 하여 나가면 삶의 리듬감이 생긴다.

시간만 있으면 잠을 자거나 무기력해지면 여유보다는 퇴보하고 만다. 소박한 즐거움을 만끽하며 스스로 유익하게 시간을 보낼 줄 알아야 한다.

아무리 분주하다 하여도 자신의 스케줄을 잘 조정하면 삶의 극적인 변화를 추구할 수 있다. 삶을 복잡하게 만드는 일에서 벗어나 단순하게 만들어야 한다.

복잡함에서 벗어나 삶을 즐기면 엄청난 일을 해낼 힘도 생겨난다. 항상 바쁜 일에 쫓기면서 사는 것을 좋아한다면 삶의 여유가 있을 때 불안할 수 있다. 그러나 삶을 단순하게 만들어 여유를 가져야 쓰러지지 않고 오랫동안 자신이 원하는 일을 할 수 있다.

PART 4

성장

꿈을 놓치지 않으면
이루어진다

▷ ▷ ▷

꿈

용혜원

꿈만 꾸지 않고

꿈대로 살았더니

꿈이 이루어졌다

꿈이란 바라는 것이다. 마음속에서 지속적으로 일어나는 소원이 바로 꿈이다. 꿈은 보이지 않는 능력이다. 꿈은 구체적인 목표다. 성공하는 사람은 자신의 꿈을 분명히 갖고 있다. 누가 물어보아도 그들은 확신에 찬 눈빛으로 정확하게 말한다. 성공한 사람들은 자신이 원하던 꿈을 이루어 낸 사람들이다.

미국 하버드 대학 도서관에는 "지금 자면 꿈을 꾸지만 지금 공부하면 꿈을 이룬다."고 써 있다. 꿈을 잃은 사람은 여러 가지를 잃게 될 수 있다. 의욕을 잃게 되고, 신뢰를 잃게 되고, 품격을 잃게 되고 사랑하는 마음마저 잃게 된다.

우리는 꿈을 먹고 산다. 꿈을 통해서 자신이 살아있음을 깨닫게 된다. 꿈은 우리를 새로운 미지의 세계를 향하여 나가게 한다. 꿈이 있는 사람은 두려움이 없다. 꿈은 우리를 강하게 만들어주고 앞으로 나가게 해준다. 만 레이는 "나는 꿈을 기록하는 것이 목표였던 적은 없다. 나는 꿈을 이루는 것이 목표다"고 말했다.

꿈이 우리에게 필요한 이유는 무엇인가? 꿈이 없는 사람은 꿈을 이루고자 하는 노력이 있을 수 없으나 꿈이 있는 사람은 꿈을 이루려는 집념이 있기에 활력이 넘친다. 우리는 매일 매일 꿈을 점검해가며 꿈을 이루어 가야 한다.

우리는 일을 위해서 살지 말고 꿈을 이루어 가므로 삶을 풍성하고 풍요롭게 만들어가야 한다. 세상을 멋지게 살맛 나게 만들기 위해 일해야 한다. 우리는 꿈을 이루기 위하여 날마다 열정을 가져야 한다.

꿈

용혜원

나는 꿈을 말할 수 있음으로 행복하다

나는 꿈을 이룰 수 있음으로 노력한다

나는 꿈을 표현할 수 있음으로 말한다

나는 꿈이 있기에 활기차게 살아간다

나는 꿈을 품에 안기 위해 도전한다

나는 꿈을 성취하기 위하여 최선을 다한다

꿈을 이루어갈수록 삶은 풍요로워질 것이다. 우리는 가야 할 곳을 알아야 한다. 우리가 가야 할 꿈을 꾸고 있지 않다면 엉뚱한 곳으로 가게 될지도 모른다.

우리가 풍요를 상상하면 마음속에 그려질까? 풍요는 우리에게 풍부하고 충분한 양을 공급해준다. 우리의 삶에 가득 차서 넘쳐흐르게 해주는 것이다. 그러므로 꿈이 있는 한 좌절하지 않는다. 절대로 포기하지 않는다. 희망이 가득 찬 가슴으로 내일을 만들어간다. 우리의 마음 속에는 꿈이 있어야 한다. 모든 성공은 꿈에서 잉태된다.

꿈이 현실이 되었을 때 그 감동은 대단하다. 우리는 감동을 만들어야 한다. 성공한 사람들의 특징은 꿈꾸는 사람, 꿈을 가진 사람들이다. 우리의 마음에 성공을 향하여 이글이글 불타는 꿈이 있다면 그 꿈이 우리를 성공으로 인도할 것이다.

인류 역사상 각 분야에서 성공한 사람들은 수없이 많다. 그러나 그 대표적인 인물을 꼽으라면 움막 같은 통나무 오두막집에서 백악관의 주인공이 된 링컨을 꼽는 데 주저할 사람은 아무도 없다. 링컨은 지금도 존경받고 있다. 무엇이 그로 하여금 성공하는 인물로 만들었을까? 놀랍게도 그 비밀은 꿈의 사다리라는 것이다.

우리의 삶을 꿈이라는 나무로 만들었다면 잘 자라도록 최선을 다하여 열매가 풍성하게 열리도록 만들어야 할 것이다. 꿈은 보지 못하는 것들을 보게 하고 믿을 수 없는 것들을 믿게 하고 불가능한 것들을 가능하도록 도와준다.

꿈을 가진 사람은 계속 성공을 향하여 성장하여 나간다. 우리는 꿈이 있기에 살아간다. 꿈이 없는 삶은 현실에서 도피하는 삶이다. 꿈은 우리의 삶을 만들어주는 그림이다. 꿈은 우리가 목표를 가지고 돌진하게 하는 출사표이다. 꿈이 있는 사람은 타락하지 않는다.

누구나 성공을 꿈꾸나 성공에 이르기는 쉽지 않다. 성공은 꿈을 가진 자에게만 찾아온다. 그러나 꿈이 있다고 누구나 다 성공하는 것은 아니다. 어제의 꿈이 있는 사람은 오늘 그 꿈을 이루기 위해 도전한다. 도전하는 자에게는 그 꿈이 분명히 실현된다.

진실한 꿈은 항상 우리를 유익한 방향으로 인도한다. 꿈은 우리를 새롭게 만들어준다. 꿈은 우리를 성장시켜 준다. 꿈을 가진 사람들은 자신의 삶에서 장점을 찾아 그 힘을 발휘해 나간다.

희망

용혜원

얼마나 좋은 것이냐

어둠 속에서

빛을 발견한다는 것은

이름 없는 꽃이라도

꽃이 필 땐

눈길이 머무는 것

삭막하기만 하던 삶 속에

한 줄기 빛이 다가오는 것은

얼마나 힘이 되는 일인가

망망한 바다라도

걱정할 필요 없다

배를 띄울 수 있으니까

허허벌판이라도

걱정할 필요 없다

안식할 곳이 있으니까

얼마나 좋은 것이냐

희망이 넘친다는 것은

우리들의 얼굴이 달라 보이고

우리의 모든 것이

힘차게 뻗어 나가는 것이 아닌가

성공하기 위하여 꿈을 만들어야 한다. 우리의 꿈을 내어버리지 말아야 한다. 꿈꾸는 사람은 모든 불가능을 뛰어넘어 성공을 만들어가는 열정을 가진 사람들이다.

우리의 꿈은 분명해야 한다. 성공하는 사람들은 자신의 꿈이 분명했다. 꿈을 이루며 나가는 사람은 지켜보는 사람보다 더 행복하다. 꿈은 우리 안의 잠재력을 발휘하게 하여 성공의 깃발을 흔들 수 있는 승리감을 맛보게 하는 날을 만들어준다.

성공을 향한 노력도 마찬가지다. 최선을 다하면 다할수록 모든 일이 흥미로워진다. 성공을 향하여 열심히 일에 몰두함으로써 흥미를 느끼는 것으로 생각한다. 우리가 원하는 분야에서 성공한다는 확신을 지니고 도전한다면 모든 노력은 노력한 만큼 풍성한 열매를 맺게 될 것이다.

뛰어가면 앞만 보이지만 걸어가면 모든 것이 보인다

▷ ▷ ▷

삶의 목표를 분명하게 가져야 한다. 화살을 쏘는 궁사는 과녁을 분명히 보고 쏜다. 비행기 조종사도 목적지가 분명해야 조정하여 나갈 수 있다. 삶은 그냥 살아만 가는 것을 의미하지 않는다. 모든 일은 계획으로 시작하여 노력으로 성취한다.

위대한 포부가 위대한 사람을 만들어낸다. 삶의 목표를 분명하게 가져야 한다. 지금 무엇을 해야 하는지 분명해야만 한다. 샹폴은 "기회란 두 번 다시 자네의 도어를 노크한다고 생각하지 마라.", "기회는 새와 같다. 날아가기 전에 잡아라."고 말했다.

실패는 배움이다. 우리가 살아가면서 지워버리고 싶은 말이 있다면

'실패'이다. 실패를 경험한 사람만이 진정한 성공을 할 수가 있다. 실패에서 교훈을 얻을 수 있는 사람은 시원치 않게 성공한 사람보다 큰 성공을 만들 수가 있다. 떡은 떡집에서 만들어내듯이 꿀은 꿀벌에서 만들어내듯이 강하고 담대한 믿음을 가질 때 꿈과 비전을 이루어 갈 수가 있다.

비행기가 사고가 났을 때, 낙하산이 펴지지 않을 때 경험이 풍부한 비행사는 당황하지 않고 능숙하게 보조 낙하산을 작동시킨다고 한다. 어려움이 닥쳐올 때 이겨내고 견디는 힘이 필요하다.

유대인의 속담에 "성공이나 실패도 버릇이다."라는 말이 있다. 성공을 소망하는 긍정적인 사고를 지닌 사람은 분명히 성공을 향하여 도전하며 나가 이룰 수 있다.

2차 세계대전이 끝나고 코카콜라 사장에게 사업의 비결을 물었더니 이렇게 말했다.

"나는 전 세계인에게 코카콜라를 한 잔이라도 먹이는 데 사업의 비결이 있다."

얼마나 대담한 비전인가.

그 사장의 비전대로 지금 전 세계 어디를 가든지 코카콜라가 팔리고 있고 대형 간판을 도처에서 만날 수 있다. 희망을 지니고 도전하는 것은 오늘을 사는 우리가 가져야 할 분명한 태도이며 삶의 방식이다.

요즘 젊은이들이 금수저가 될 수 없다고 절망하는데, 도전하는 자에게, 희망을 품는 자에게 기회와 성공이 찾아온다. 우리가 도전하고 실행해 나가는 데 문제가 생기는 것은 나쁜 일이 아니다. 위기에 대처하는 힘을 길러준다.

삶의 목표가 분명한 사람은 모든 일에 열정을 가져야 한다. 나무도 열정이 있어야 꽃도 피고 열매를 맺는다. 강도 열정이 있어야 흘러내린다. 우리들의 가슴에는 꿈과 비전을 향하여 목표가 분명한 열정의 불덩이가 가슴에 있어야 한다. 하고자 하는 일에 목표가 분명하고 최선을 다해야 한다.

성공하는 사람은 좋은 소질, 기회, 장소, 그리고 도와주는 사람들이 있다. 우리가 인생을 살아가고 있는 이상 인생을 깊이 파고들어 이루어내지 않는다면 얼마나 헛된 것인가를 분명히 알아야 한다. 가시에 찔리지 않고서 장미꽃을 모을 수 없다.

생텍쥐페리가 말했다.

"배를 만들고 싶다면 나무를 잘라 손질하고 공구를 준비하고 일을 분배하여 나누어주며 일꾼들을 재촉하지 말라. 대신 그들에게 무한한 바다에 대한 그리움을 가르쳐 주라."

희망이 있고 목표가 분명하면 일을 하는 즐거움이 있고 성취도가 빨라진다.

내 등의 짐이라는 시를 무명작가가 썼다.

"등의 짐이 없었다면 나는 세상을 바로 살지 못했을 것입니다. 내 등에 있는 짐 때문에 늘 조심하면서 바르고 성실하게 살아왔습니다. 이제 보니 네 등의 짐은 나를 바르게 살도록 한 귀한 선물입니다. 내 등의 짐이 없었다면 나는 아직도 미숙하게 살고 있을 것입니다. 내 등의 짐 무게가 내 삶의 무게가 되어 그것을 감당하게 되었습니다. 이제 내 등의 짐은 나를 성숙시킨 귀한 선물이었습니다."

인생도 하나의 예술이다. 우리의 인생을 새롭게 만들기 위해 우리는 분명한 목표를 가지고 살아가야 한다. 좋은 작품을 만드느냐 못 만드느냐는 우리들의 마음가짐에 달려 있다.

웨슬레가 시간 개념에 대하여 "부지런하라. 한가하게 있지 말라. 쓸데없는 일에 부지런하지 말라. 꼭 필요한 것보다 더 많은 시간을 허비하지 말라. 더 많은 시간을 허비하지 말라. 시간을 정확하게 지켜라. 모든 것을 제때에 정확하게 하라."고 말했다.

승자의 주머니 속에는 꿈이 들어있으나 패자의 주머니 속에는 욕심이 들어있다. 작은 일이라도 확신을 지니고 나가면 놀라운 변화와 거대한 일을 해낼 수 있다.

중요한 것은 작더라도 쉬지 않고 계속 진행하여야 한다. 완성은 작은 것부터 계속 이루어감에 있다. 열정을 가지고 최선을 다할 때 놀라운 결과를 이룰 수가 있다.

목표가 있는 열정과 목표가 없는 열정은 커다란 차이가 있다. 열정을 가지고 생각을 행동으로 옮겨야 한다. 우리의 꿈과 비전을 행동으로 이루어가야 한다.

나의 단점을 보완하는
열정을 보여준다

▷ ▷ ▷

성공하려면 열정을 마음껏 쏟아부어야 한다. 씨앗에서 싹이 나올 때 자기가 지닌 힘을 200배 증가시켜야 한다고 한다. 씨앗이 큰 나무가 되기 위하여 열정을 다 쏟을 때 싹이나 큰 나무가 되기 시작한다. 감의 씨를 뿌려 싹이 나고 줄기가 자라고 나무가 자라서 열매를 맺으면 무려 감이 만 개나 열리는 것도 있다고 한다.

열정의 힘은 참으로 대단한 결과를 만든다. 우리가 고정관념과 틀에 박힌 사고에서 벗어나 마음껏 일할 때 결과는 달라진다. 성공한 사람들은 그들의 피와 땀과 눈물을 다 쏟았다. 그래서 그들이 이루어 놓은 성공은 참으로 값지고 보배롭다.

랄프 왈도 에머슨은 이렇게 말했다.

"열정 없이는 어떤 위대한 것도 성취할 수 없다."

많은 사람이 할 수 없는 거대한 일들과 하지 않는 사소한 일들 사이에서 방황하며 전혀 손을 써보지 못하고 도전을 하지 못하는 경우가 있다. 성공을 원한다면 기꺼이 배우고 노력을 해야 한다.

사는 일이 순항하는 배에 올라타서 가는 것만은 아니다. 삶의 여정에는 비바람을 만나고 폭풍우를 만나고 태풍을 만나는 일이 일어난다. 시시각각으로 다가오는 절박한 상황을 이겨내려면 피나는 노력을 해야 한다.

쉽게 절망해서는 안 된다. 절망적인 사태가 일어나도 그것은 현재의 한순간일 뿐이다. 삶에서 해결하지 못할 문제는 없다. 모든 문제, 장애, 고통은 모두 해결될 수가 있다.

사람은 해결할 수 없는 문제는 갖고 있지 않기 때문이다. 어떤 사람도 스스로 해결할 수 없는 문제에 직면하지 않는다는 말이 있다. 피나는 노력으로 성공이라는 멋진 결과를 만들어야 한다.

군대에서 훈련을 받을 때 훈련병들에게 "훈련받을 때의 땀 한 방울이 전쟁터에서 피 한 방울과 같다."는 말을 한다. 그만큼 노력은 수포로 돌아가지 않는다는 것이다. 우리가 보고 듣고 알고 체험하는 모든 것들은 성공으로 가는 길을 만들어준다. 성공한 사람들의 특징은 바로 노력하는 사람이다. 어떤 위대한 일도 아무런 노력 없이 이루어진 것은 없다.

와나 메이커는 이렇게 말했다.

"성공의 방법은 반드시 알릴 필요가 없다. 능히 한 가지 일을 하는 것을 알고 이것에 전력하기만 하면 된다."

이 세상에 수많은 성공의 공식이 있지만 피나는 노력을 하는 것만큼 놀라운 방법이 있을까. 노력은 결과를 만든다. 그러나 많은 사람이 노력 없이 한탕주의로 성공을 바라기에 비참한 모습으로 전락한다.

도박이나 경마, 복권, 카지노나 투기를 해서 삶이 행복해졌다는 이야기보다는 불행해지거나 패가망신을 당했다고 하는 이야기를 더 많이 듣는다. 노력 없는 결과는 거짓이거나 사기이다. 우리는 노력한 결과만큼 누리고 살 것이다.

페트 노드버그는 장시간의 수술 끝에 생명을 기적적으로 건졌다. 그러나 그녀는 수술 결과 실어증에 걸리고 근육에도 문제가 생겨 활동도 부자유스러워졌다. 실어증이 올 때 그녀는 과거의 기억도 잊어버렸고 말도 할 수 없는 상태에 빠졌다. 페트는 어떤 직장에도 취직할 수 없었다. 그래서 그녀는 자기와 비슷한 정신 박약아의 아들을 정성껏 돌보고자 마음먹었다.

그동안 페트는 신앙 안에서 새로운 영감을 받고 영감을 자신의 마음에 원대한 목표로 삼았다. 정신 박약아를 위한 상담역과 상담 치유를 담당하는 계획이었다. 페트는 이 계획을 1단계 목표로 정해 자동차 면허를 취득하기로 결정했다.

그는 2년 동안 하와이 훌라춤을 배우고 연습하면서 신체 부자유도 어느 정도 극복하여 면허증을 따는 데 성공하였다. 그의 2단계 목표는 대학을 졸업하여 상담자 면허증을 따내는 것이었다.

피나는 노력 끝에 2단계 목표도 달성하였다. 목표를 향한 불붙는 열의는 실어증과 신체의 부자유함을 극복하고 정신 박약아의 부모들의 상담역이란 큰일을 할 수 있었다.

열정에 열정을 쏟아붓는 사람들이 성공을 붙잡는다. 머리에는 꿈이 가득하고 가슴에는 따뜻함이 있고 사람의 마음을 당기는 사람들이 열정이 있는 사람들이다. 우리가 남과 똑같아서는 성공할 수가 없다. 자기 일에 열중하는 사람은 누가 보아도 멋지다.

성공을 눈앞에 보고 있는 사람은 필사적으로 노력한다. 아무런 노력 없이 성공하려는 사람은 마치 주먹을 꼭 쥐고 물건을 집으려는 어리석은 사람이다.

쉽게 이루거나 남이 이룬 것을 탈취해서는 안 된다. 땀과 눈물과 피를 흘려가면서 쟁취한 성공만이 온전하다. 후회가 없는 성공이 진정한 성공이다. 우리는 노동의 기쁨을 알아야 한다.

열심히 일하는 기쁨 속에서 성공에 대한 집념과 근성을 배운다. 게으른 사람이 유혹에 잘 넘어간다. 열정을 다하는 사람은 한눈을 팔 시간조차 없다.

성공을 원한다면 피나는 노력을 해야 한다. 노력해야 성공의 행진으로 뛰어들 것이다. 성공한 사람들과 함께 행진하는 자신의 모습을 상상해 보라. 얼마나 멋진 일인가. 성공을 위하여 흘리는 피와 땀은 보석과 같다. 그만큼 값어치가 있고 엄청난 힘을 발휘한다.

열정을 갖고 최선을 다하는 사람은 성공을 시작한 것이다. 잘 시작한 일은 성공에 그만큼 가까워진다.

자기의 꿈을 이루기 위하여 피나는 노력을 한다는 것은 자신도 살고 주변 사람도 살리는 일이다. 나 때문에 지구상에서 누군가 행복할 수 있다면 얼마나 의미 있는 삶을 살아가는 것인가. 우리의 피나는 노력도 보람이 있을 것이다.

내 삶의 퀄리티 높이기

▷ ▷ ▷

인생은 단 한 번뿐이다. 누구에게나 똑같이 부여된 이 단 한 번뿐인 삶을 멋지게, 신나게, 열정적으로 살아가야 한다. 열정적인 사람의 얼굴에는 웃음이 있고 확신에 차 있다.

여름날 소나기가 시원스럽게 쏟아지는 것처럼 온 세상을 적실 만큼의 열정이 있다면 그만큼 인생은 살아갈 가치가 있다. 삶은 그렇게 온몸에 젖어 드는 비처럼 살아야 한다.

자신이 하는 일에 꿈과 비전을 다 쏟아내고 사랑도 온 열정을 다해 사랑하며 젖어 산다면 결코 후회함이 없을 것이다. 도리어 날마다 기뻐하는 일들이 많이 일어날 것이다.

우리에게는 생각이 중요하다. 자신의 삶을 어떻게 펼쳐 나갈 것인가 하는 기대감이 있다면 분명히 좋은 결과를 얻어낼 수가 있다. 삶의 목표가 분명할 때 열정을 갖고 멋지게 펼쳐 나갈 수가 있다.

활을 쏘는 궁사는 과녁을 분명히 보고 활을 쏜다. 비행기 조종사도 분명한 목적지를 갖고 비행을 한다. 예술가도 자신의 작품을 알고 있기에 살아 움직이는 작품을 만들어낸다. 우리의 삶을 가치 있게 만들어야 한다. 위대한 포부가 있는 사람이 위대한 일을 만들어낸다.

롱펠로는 가치 없는 종이에 시를 써서 6천 불의 가치를 만들었다. 록펠러는 종이쪽지에 자기 이름을 사인함으로써 그것을 백만 불이 될 수 있게 했다. 미술가는 50센트짜리 캔버스 위에 그림을 그려 10,000 달러의 작품도 만들 수 있다. 그것은 작품을 만드는 예술이다.

우리의 삶도 마찬가지다. 기회가 올 때 기회를 잡아 열정적으로 도전한다면 어떤 어려움도 극복할 수 있다.

실패는 도리어 더 많이 배울 기회를 제공한다. 누구나 실패하는 말이나 실패를 싫어할 것이다. 그러나 실패를 체험하지 않은 사람은 참다운 성공의 진가와 가치를 모른다. 유대인 속담에 "성공이나 실패도 버릇이다."라는 말이 있다.

삶을 멋지게 펼쳐 나갈 수 있는 열정은 성공을 가져다주는 기본 조건이다. 늘 성공을 말하는 사람은 성공을 이룬다. 실패만 이야기하는 사람은 실패하고야 만다. 우리는 성공을 이야기하자.

노력이란 무엇인가? 노력이라는 목표를 달성하기 위하여 부단히 실행해 나간다. 우리는 무언가를 이루는 사람이 되어야 한다.

꿈은 미래를 만든다. 액자에 그려진 바다는 파도치지 않는다. 우리가 살아있기에 고통도 절망도 파도친다. 이것을 이겨내야 한다. 종도 울리지 않으면 종이 아니다. 사소한 일에 목숨을 걸지 말자. 구르는 돌은 이끼가 끼지 않는다.

자신의 삶에 열정을 갖고 뜨거운 가슴으로 달려들어야 한다. 자신의 삶을 후회 없이 살아 꿈과 비전을 이루어 낸 성공한 사람들은 모두가 하나같이 열정을 가진 사람들이다.

에드윈 마크햄은 "운명의 핵심은 선택이다."라고 말했다. 열정을 갖고 살아가는 것도 선택이다. 그러므로 후회 없이 살려면 최대의 효과를 나타내는 삶을 살아야 한다.

나무도 열정이 있어야 꽃이 피고 열매를 맺는다. 흐르는 강물도 열정이 있어야 바다까지 흘러갈 수가 있다. 바다도 열정이 있어야 파도를 친다. 구름도 열정이 있어야 비와 눈을 내릴 수 있다. 우리의 삶도 열정으로 멋지게 흘러야 한다.

우리가 성공하려면 12가지의 성공하는 지혜가 필요하다.

1. 목표를 설정하라.

배가 떠날 때는 가야 할 항구가 있다. 삶도 무엇을 할 것인가를 먼저 결정하는 것이 필요하다.

2. 계획을 세워라.

구체적인 계획은 성공을 이루는 지름길이다. 계획은 사람의 피를 열정이 가득하게 만드는 매력을 가지고 있다.

3. 일을 사랑하라.

나의 일이 즐거울 때 삶이 즐겁다. 일하는 것을 재미있고 즐겁게 생각하라.

4. 결단력이 있어야 한다.

한번 결정을 내리면 앞만 보고 가라. 말을 많이 들으면 더욱 약해진다. 우유부단은 기회만 놓칠 뿐이다.

5. 끈기를 가져라.

끈기야말로 성공의 기본 열쇠이다. 물 한 방울 한 방울이 바위를 뚫는다는 것이다. 끝까지 최선을 다하는 것이다.

6. 노력하라.

천재를 만드는 것은 1%의 영감이요. 99%의 땀이다. 고통과 땀 없이는 얻어지는 것이 없다.

7. 도전하라.

대담하면 모든 공포는 사라진다.

8. 용기를 가지고 도전하라.

용기를 가져라. 용기는 모든 것을 정복한다. 용기가 있는 곳에 희망과 성공이 있다.

9. 믿음과 의지를 지녀라.

청하는 곳에 얻음이 있고 구하는 곳에 찾음이 있으며 두드리는 곳에 문이 열린다.

10. 실천하라.

삶의 위대한 목표는 지식이 아니라 행동이다. 실천하는 사람만이 성공을 이룬다.

11. 검소하라.

"모자는 빨리 벗되 지갑은 천천히 열어라!"는 덴마크 격언이 있다. 검소하고 절약하면 복을 받고 낭비는 재앙을 부르는 것임을 마음에 새겨야 한다.

12. 자부심을 가져라.

모든 것을 빼앗겨도 견딜 수 있으나 자부심을 빼앗기면 견딜 수가 없다.

우리에게 중요한 것은 오직 현재 자기에게 주어진 길을 똑바로 보고 나가는 것이다. 남과 쓸데없는 비교로 시간을 낭비할 필요가 없다. 우리가 웃으면 세상도 함께 웃어줄 것이지만 우리가 울면 우리 혼자 울게 될 것이다.

웃자. 그리고 멋지게 삶을 펼쳐 나가는 것이다. 이럴 때 우리의 삶은 더 매력 있는 삶이 된다. 웃음은 우리의 삶을 멋지게 펼쳐준다. 우리는 삶에서 웃음꽃을 피워야 한다. 기쁨을 잃는 것은 모든 것을 잃는 것이다.

우리의 삶도 예술이다. 인생을 새롭게 만들기 위해 모든 열정을 다 쏟아내야 한다. 인생을 좋은 작품으로 만드느냐 못 만드느냐 하는 것은 마음가짐에 있다.

이런 말이 있다.

"배를 만들고 싶다면 나무를 잘라 손질하고 공구를 준비하고 일을 분배하여 나누어주며 일꾼들을 재촉하지 말라. 대신 그들에게 무한한 바다에 대한 그리움을 가르쳐 주라."

우리는 일만을 위하여 살아가는 사람이 아니다. 비전이 있을 때 꿈이 있을 때 이루어 가는 보람과 기쁨이 있다. 삶의 열정을 갖기 위해 웨슬레의 말을 기억할 필요가 있다.

"부지런하라! 한가하게 있지 말라! 쓸데없는 일에 부지런하지 말라. 꼭 필요한 것보다 더 많은 시간을 허비하지 말라! 시간을 정확하게 지켜라! 모든 것을 제때에 정확하게 하라!"

단 한 번뿐인 삶을 멋지고 열정적으로 살아가야 한다.

욕망을 억제하고
나에게 충실한 삶 살기
▷ ▷ ▷

사람들은 헛된 것을 쫓다가 삶을 망치는 사람들이 많다. 노름, 마약, 게임, 성의 노예가 되어 순수한 삶을 더럽게 망친다. 한순간 호기심과 쾌락 때문에 삶 전체를 날려 보내는 사람들이 많다. 헛된 욕망과 욕심을 다 던져버리고 진실하게 살아야 가치 있는 삶을 살아간다.

에스키모 인들이 늑대를 사냥하는 방법은 독특하다. 그들은 칼자루를 얼음에 파묻히게 해서 칼을 묻는다. 싱싱한 큰 고깃덩어리를 칼날에 꽂아서 얼도록 내버려 둔다. 늑대들은 멀리서도 이 고기의 피 냄새를 맡고 이것을 탐식하려고 온다. 늑대 떼들은 그 얼어붙은 고깃덩어리를 핥아대면서 점점 광폭해진다.

곧 늑대들은 면도칼같이 예리한 칼날에 그들의 혀를 베고 자기들의 피로 허기를 채우기 시작한다. 그들은 천천히 피를 흘려 죽을 때까지 핥는다. 마찬가지로 우리도 죄의 위험성을 인식하지 못하고 자신을 죄에 사로잡히게 내버려 두면 탐욕스러운 늑대들처럼 자멸의 위험에 빠진다. 이러한 결말을 피하려 우리는 삶을 정결하게 만들어야 한다.

인간이 잘못된 탐욕을 가지면 불행해질 수밖에 없다.

찰리 채플린은 "인생은 욕망이다. 인생을 사는 의의 따위는 뭐라고 해도 좋다."고 말했다. 사람들의 욕망은 '돈을 갖고 싶다', '좀 더 넓은 집에서 살고 싶다', '고급 차를 타고 싶다' 등 끝이 없다.

행복하게 살아가려면 욕망을 억제할 줄 알아야 한다. 우리에게는 동물적 욕망이 있다. 이 욕망대로 따라 살아가면 파멸하고 말 것이다. 욕망의 노예가 되고 동물적 생활로 전락할 것이다. 성욕을 조절할 줄 알아야 한다. 소유욕을 조절해야 한다. 욕심에 노예가 된 사람은 불행할 뿐이다.

인간의 가장 큰 욕구는 다른 사람으로부터 인정받고 싶어 하는 마음이다. 사람은 배가 고플 때 사과가 있으면 손을 내미는 것과 같이 자존의 욕구를 채워주려는 상대방에 대해서 저절로 끌리게 되어 있다.

우리를 행복하게 해주는 기본 요소는 일할 것이 있어야 한다. 소망할 것이 있어야 한다. 그리고 사랑할 것이 있어야 한다.

정직한 사람은 탐욕의 노예가 되지 않는다. 진실한 사람은 정직의 노예가 되지 않는다. 자신이 땀 흘리고 노력한 것을 즐거워하며 자신이 이루고자 하는 꿈을 정직하고 바르게 이루어 간다.

땀 흘려 살지 않고 탐욕만 부리는 것은 불한당 같은 삶이다. 땀 흘리는 가운데 행복이 있고 성취가 있다. 땀 흘리는 가운데 풍요와 보람이 있다.

프랑스의 철학자 볼테르가 이렇게 말했다.

"일은 권태와 부도덕과 가난이라는 3대 죄악을 추방한다!"

세상의 모든 일은 흐르는 물이나 돌고 있는 팽이와 같다. 물은 고여 있으면 썩고 팽이는 부지런히 돌고 있지 않으면 중심을 잡지 못하여 쓰러지는 것과 같다.

우리의 인체 가운데 가장 정직한 부분이 눈이다. 눈은 있는 그대로 본다. 눈이 건강하면 삶도 마음도 건강하다. 눈이 탐욕스러우면 삶도 탐욕스러워진다. 우리는 겉으로 보이는 것보다 스스로 행함으로 삶의 진가를 나타내야 할 것이다.

삶의 쉼표를
분명하게 찍어라

▷ ▷ ▷

휴식도 일이다. 휴식은 중요하다. 휴식을 통해 몸과 마음을 맑고 깨
끗하게 할 수 있다. 자신이 하는 일도 능률과 효과를 높일 수 있다. 휴
식을 제대로 취할 줄 아는 사람이 일도 잘한다. 성공하는 사람들은 휴
식을 제대로 즐긴다. 휴식은 힘을 재충전시켜 주고 새로운 아이디어를
개발하게 해준다.

휴식은 하나의 기술이다. 휴식의 가치를 아는 사람은 많으나 휴식을
취할 줄 아는 사람은 그리 많지 않다. 우리가 일할 때는 에너지를 소비
하나 휴식을 통하여 에너지를 회복할 수 있다.

우리가 올바른 생활을 하고 휴식을 취한다면 다음 휴식까지 필요한

에너지를 유지할 수 있다. 필요한 휴식을 취하지 않으면 하루를 마치기 전에 피로로 인한 고통을 받기 시작할 것이다. 휴식을 제대로 취한 사람은 일을 열심히 하고 난 후에도 힘이 남아 있다.

부단한 노력을 통하여 휴식을 습관화시켜야 한다. 우리의 마음에서 쓸데없는 모든 걱정을 털어 내어야 한다. 걱정과 근심과 염려는 우리에게 아무것도 만들어주지 않는다. 평화롭고 충분한 휴식을 취하여 잠자고 난 아침에는 에너지가 넘친다. 하루를 잘 보내면 다음 날 하루도 역시 잘 보낸다.

휴식을 잘 취하면 건강한 몸과 마음으로 자신이 원하는 성공을 만들어 갈 힘과 에너지가 생긴다. 마음을 편하게 가져야 진정한 휴식을 취할 수 있다. 휴식하면 기분이 상쾌해지고 좋아진다. 일을 추진하고 싶어진다.

나이가 든 남자와 젊은 남자가 나무 베는 일을 하게 되었다. 이른 아침부터 벌목을 가기 시작했다. 나이가 든 사람은 힘이 들어서 천천히 일하였다. 50분 일하고 10분을 쉬었다.

그러나 젊은이는 힘이 좋아서인지 쉬지도 않고 부지런히 일하였다. 오후가 되었다. 두 사람은 잘라낸 나무를 서로 비교했다. 그런데 젊은이는 놀라지 않을 수가 없었다. 나이가 든 사람이 더 많이 잘랐기 때문이다. 젊은이는 영문을 몰라 이유를 물었다. 나이가 든 사람이 말했다.

"휴식도 일이라네. 에너지도 충전하고 톱날도 갈고 말일세!"

일하다가 힘들 때는 여행을 떠나도 좋고 자신만의 취미 생활을 즐기는 것도 좋다. 시간이 없을 때는 음악을 들으며 한잔의 커피를 마시며 생각에 잠겨보는 것도 좋다. 휴식을 즐길 줄 알고 휴식 시간을 갖는 것도 일 잘하는 사람들이 습관처럼 행하는 것이다. 우리도 잘 알고 행해야 한다.

우리는 항상 더 빠르게, 더 풍성하게, 더 새롭게, 더 좋은 것으로 채우기 위하여 치열하게 생존경쟁하며 살아간다. 휴식이 전혀 없이 일만 한다면 모든 것의 파멸을 몰고 올 수도 있다.

휴식을 취하지 않으면 병 들기 쉽다. 몸이 아파도 그 아픔의 원인을 모르는 경우가 많다. 슬프고 허전하고 괴로워도 무엇 때문에 그런지 설명할 수가 없는 경우가 허다하다.

현대 의학에서 사람이 앓고 있는 병의 종류가 3만 가지나 된다고 한다. 그러나 그 원인을 알고 있는 병은 그중에서 겨우 5천 가지밖에 안된다고 한다. 모든 병의 원인 중의 하나는 휴식을 제대로 취하지 못했을 때 온다고 한다. 휴식을 제대로 취하지 않으면 몸과 마음이 피곤해지고 병이 오기 시작한다.

아프리카에 '스프링벅'이라는 산양이 살고 있다. 이 산양은 평소에는 대 여섯 마리가 한 무리가 되어 산다. 그런데 어느 시기가 되면 갑자기

한 곳에 모여들기 시작하여 수천 마리의 집단을 이룰 때가 있다.

처음에는 풀을 뜯어가면서 천천히 행렬을 이루며 여유 있게 행진한다. 그러나 시간이 흐를수록 앞서가는 양들의 대부분이 풀을 먹어치우므로 뒤따라가는 산양들은 풀을 차지하기 위해 앞으로 다투며 나온다. 그들의 대열은 조금씩 더 빠르게 달릴 수밖에 없어진다. 결국엔 모두가 전속력으로 맹렬히 앞으로 달린다.

처음에는 어디로 갈 목적지가 예정되어 있었는지 모른다. 하지만 이쯤 되면 처음의 목적지를 잃은 채 그저 달려간다. 먼지를 날리며 필사적으로 달리는 양떼는 사막을 건너 바닷가에 다다른다.

그러나 이 행렬을 멈출 수가 없다. 어떤 신호도 귀담아 볼 여유를 완전히 잊어버린 것이다. 수많은 산양의 사체가 떠오르는 바닷가에는 파도만이 아무것도 모른 듯이 여유 있게 밀려왔다가 밀려간다. 일 속에만 파묻혀 살고 있으면 종말은 뻔하다.

한 신문기자가 미국의 한 유명한 코치에게 "축구가 국민 체력 단련에 얼마나 공헌하는가?"라는 질문을 했다. 그러자 그는 "아무런 공헌도 하지 않는다."고 단호하게 말했다.

깜짝 놀란 기자는 "어째서 그렇게 생각하느냐?"고 물었다. 그때 그는 "글쎄요! 제가 보는 견지에서는 운동장에 있는 22명의 선수는 휴식이 필요하고 관중석에 있는 4만 명의 사람들은 운동이 필요합니다."라고 대답을 했다.

시간을 제대로 잘 활용하고 움직여야 한다. 곤충학자 파브르는 날벌레들의 생태를 주의 깊게 관찰하던 중에 매우 중요한 사실을 발견했다. 바로 날벌레들은 아무런 목적도 없이 무턱대고 앞에서 나는 놈만 따라서 빙빙 날아다닌다는 것이다.

앞에 있는 다른 벌레가 돌면 어떤 방향이나 목적지도 없이 그냥 돈다. 빙빙 돌고 있는 바로 밑에 먹을 것을 가져다 놓아도 거들떠보지 않고 계속 돌기만 한다. 이렇게 무턱대고 7일 동안이나 계속해서 돌던 날벌레들은 결국엔 굶어 죽는다.

확실한 목표가 있는 사람은 눈동자가 살아 있다. 우리가 삶을 살아가는 데 있어 목표는 생명의 물과 같다. 그러나 어떤 사람은 확실한 목표를 갖지 않고 방황하며 삶을 낭비한다. 통계자료에 따르면 아무런 목표 없이 파브르가 관찰한 날벌레 같은 모습으로 살아가는 사람들이 전체 인류의 87%에 이른다고 한다.

목표가 분명하지 않은 사람은 기회가 주어져도 그 기회를 놓치고 만다. 기회를 잡지 못하고 행동계획도 세우지 못하며 사는 삶은 날벌레와 같은 상태로 살아간다.

타인의 시선에 신경 쓰지 말고
내 일에 자부심 갖기

▷ ▷ ▷

자신이 하는 일에 대해 떳떳하고 자부심을 지니는 것이 중요하다. 자부심을 지니고 성공하기 위해 도전하는 사람은 용기가 있는 사람이다. 자부심이 있다는 것은 자신이 하는 일에 확신이 있고 자신이 하는 일을 기뻐하고 있다는 것이다.

언제나 성공과 실패에 대한 두려움이 있기 마련이다. 그러나 그 두려움 때문에 자기가 원하는 직업을 갖지 못하거나 자기가 하는 일에 자부심을 지니지 못한다면 그처럼 어리석은 일은 없다. 자기의 직업에 자부심을 가질 때 힘과 용기를 낼 수 있고 어떤 방해도 이겨내고 성공할 수 있는 발판을 마련할 수 있다.

우리는 나이가 들수록 비전을 더 가져야 한다. 자신이 원하는 일이라면 무슨 일을 하든지 그것이 죄가 되는 일이 아니라면 자기의 직업에 자부심을 지니고 일해야 한다. 우리에게 비전이 있을 때 자부심이 생기고 활기 넘친다.

세계적인 지휘자 토스카니니는 원래 첼로 연주가였다. 그런데 그는 아주 심한 근시여서 앞을 잘 보지 못하였다. 연주가로서는 치명적인 불행이었다. 그래서 그는 관현악단의 일원으로 연주를 할 때마다 앞에 놓인 악보를 볼 수 없어서 미리 모든 곡을 외워서 연주회에 나가곤 했다.

그런데 한번은 연주회 직전에 지휘자가 갑자기 입원하게 되었다. 그 많은 오케스트라 단원 중에 곡을 전주 외우던 사람은 오직 토스카니니 한 사람뿐이었다. 그래서 그가 임시 지휘자로 단 위에 서게 된 것이다. 그때 그의 나이 19세였다.

이 일이 있고 나서 그는 지휘자 토스카니니로 다시 태어났다. 자신이 하는 일에 자부심을 지니고 돌파해 나가면 언제나 새로운 길이 눈앞에 활짝 열리게 되어 있다. 어떤 콤플렉스가 있더라도 포기하지 말고 당당하게 자신이 원하는 일을 해나가야 한다.

18세기 영국의 건축가 크리스토퍼 렌이 셍트폴 성당을 재건할 때의 일이다. 여러 해가 걸리는 그 큰 공사를 추진해 나가던 어느 날 크리스토퍼 렌은 평상복 차림으로 공사 현장에 나가보았다. 그는 채석장에서 돌을 다듬느라고 수고하는 한 사람에게 물었다.

"지금 무슨 일을 하고 있습니까?"

이 사람은 묻는 사람의 얼굴도 쳐다보지 않고 퉁명스럽게 대답을 했다.

"여섯 자 길이에 석 자 폭이 되는 돌을 다듬고 있소이다."

그는 다시 다른 사람에게 같은 질문을 했다. 이 사람 역시 반갑지 않다는 듯이 건성으로 대답을 하였다.

"다 입에 풀칠하기 위해서 하는 일이오. 벌써 몇 해째 돌만 다듬고 있소이다."

그런데 세 번째 사람은 똑같은 질문에 이렇게 대답을 했다.

"저는 하나님의 집을 짓고 있습니다. 이 거룩한 사역에 동참할 수 있다는 것이 너무나 감격스러워서 즐거운 마음으로 이 돌을 다듬고 있습니다."

우리가 하는 일에 자부심을 지녀야 한다. 그래야 기회가 올 때 새로운 변화를 시도할 수 있고 성공할 수 있다.

자부심은 확실한 힘이고 자신감이다. 확신과 자부심을 지니고 일한다면 실패는 없다. 자부심을 지니고 자기 일에 집중해 나간다면 성공을 향한 가장 큰 힘을 발휘한다.

버렐은 이렇게 말했다.

"오늘 하루를 산다는 것은 영원을 위하여 사는 가장 고귀한 의미를 가진 것이다. 바로 이 순간 나의 최선을 다하는 것. 바로 이 순간을 하나님의 영광을 위하여 전적으로 바치는 그런 심령으로 살아가는 것 이것이 내가 직면하는 의무이다."

우리가 성공하려면 적극적으로 자신을 표현해야 한다. 성공은 바로 자신의 모습을 표현한 사람들이 만들어 놓은 멋진 결과이다.

내 마음의
목소리를 듣자

▷ ▷ ▷

일할 때 즐거워하며 열정을 쏟는 사람들을 바라보면 덩달아 기분이
좋아지고 일에 동참하고 싶어진다. 열정을 쏟으면 삶의 기쁨이 넘치고
힘과 능력이 가득해진다.

미국 뉴욕의 어느 사무실에서 사환으로 베드포드가 일했다. 그는 자
기가 할 일을 다 마치고 자신이 할 수 있는 일이 없을까 하고 찾았다.
출납계원이 바쁘게 계산을 하고 있었다.

"제가 도와 드릴까요?"라고 말하며 일하기를 자청하였고 잔심부름
도 기꺼이 자진해서 하였다. 매우 감동한 회계사는 그에게 회계 업무
를 잘 가르쳐 주었다.

그 후 일 년이 지나자 소년 베드포드는 드디어 출납 대리를 맡아 볼 정도가 되었다. 회계사가 다른 회사로 옮겨가게 되었을 때 베드포드를 자신의 자리에 추천했다. 이 사환 베드포드가 후일 뉴저지 스탠다드라는 석유회사의 사장이 된 베드포드이다.

해리 트루먼은 "최고에 오른 남자와 여자는 모든 열정과 에너지와 노력을 쏟아 자기 일을 해낸 사람들이다."라고 말했고, 사무엘 울만은 "세월은 피부에 주름살을 만드나 열정을 포기하는 것은 영혼에 주름살을 만든다. 열정이 스위치를 끌어당긴다."고 말했다.

우리에게 열정만 있으면 언제든지 새로운 변화를 시도할 수 있다. 열정이 있는 사람의 마음에는 사랑이 있다. 사랑은 만물에 힘을 주고 활기를 넘치게 해준다. 사랑의 마음은 우리의 본성이다. 사랑이 주는 열정은 무한하다. 열정이 있는 삶은 힘이 넘치고 활기가 넘친다. 그리고 최고의 선을 향하여 끊임없이 움직이도록 만들어준다. 인생이란 게임에 자기 모든 것을 걸지 않은 사람은 성공할 수 없다.

우리는 살아가면서 무엇을 해야 하는지 마음속 깊은 곳에서 나오는 목소리를 들어야 한다. 나태한 마음을 극복하고 행동으로 옮겨야 한다. 자기가 원하는 일에 모든 열정을 다 쏟아야 한다. 이 세상에 열정을 쏟아내지 않고 되는 일이 없다. 성공을 향하는 마음과 뜻을 분명하게 세우고 시작하는 것이다. 늦었다고 생각될 때가 바로 시작할 때임을 잊어서는 안 된다.

'스트라디바리우스'는 오늘날 최고급 바이올린으로 불리는 명품 중의 하나이다. 이 유명한 바이올린을 만든 사람은 안토니오 스트라디바리이다. 그는 이렇게 말했다.

"나의 손을 늦춘다면 나는 하나님을 훔치는 것입니다. 하나님께서는 안토니오 없이 안토니오 스트라디바리 바이올린을 만드실 수 없습니다."

그는 자신에게 재능을 주신 하나님을 위해 이 놀라운 바이올린을 만들고 있다고 담대하게 말한다.

심은 대로 거둔다는 원리는 악한 행실의 피할 수 없는 결과를 경고하고자 할 때 종종 인용된다. 열정을 쏟아 일하지 않고 성공하려는 사람이 있다면 그 사람은 불한당이다. 열정을 쏟아내는 가운데 보람을 느끼고 행복을 성취하는 기쁨이 따른다. 열정을 쏟으면 쏟을수록 풍요가 있고 보람이 넘친다.

고통의 시작 없이는 아무것도 시작되지 않는다. 또한 아무것도 끝나지 않는다. 이 세상에 떠밀고 떠밀리면서 살아가지 않는 사람은 없다. 어디를 가든지 극복해야 할 문제들이 도사리고 있다. 우리는 모든 힘과 열정을 다 쏟아내어 일하며 삶을 값지게 만들어가야 한다.

러스킨은 이렇게 말했다.

"기쁨 없는 노고는 천하다. 슬픔 없는 노고는 천하다. 노고 없는 기쁨은 천하다."

이 세상에서 가장 멋진 사람들은 자기가 하는 일에 자신의 열정을 다 쏟아 성공을 이루어내는 사람이다.

현재의 생활이 재미가 없다는 것은 삶에 목표도 없고 열정도 없다는 것이다. 그럴 때는 다른 것은 제쳐놓고 지금 하는 일에 최선을 다하는 것이 좋다. 지금 원하는 대로 잘되지 않더라도 재미가 없을지라도 주어진 현재의 순간순간을 열심히 살아가는 것이 무엇보다 중요하다. 내일을 기대하면서 착실하게 노력해가며 자신이 나갈 방향을 자연스럽게 설정한다.

그리고 성공을 향하여 모든 열정을 다 쏟는다는 것은 매력이 있고 신나는 일이다. 우리에게 목표가 정해지면 쓸데없는 걱정은 던져버리고 시작하는 것이다. 목표만 확고하다면 때로는 휘청거릴지라도 반드시 다시 일어날 것이다.

괴테는 이렇게 말했다.

"이 세상에서 가장 불행한 자는 우유부단한 인간이다."

괴테는 "실패를 두려워 말라."고 말하고 있다. 결단이 빠른 사람은 일단 자신의 마음을 결단했으면 즉시 행동으로 옮겨서 열정을 쏟아야 한다.

윌리엄 블레이크는 "세상에서 가장 큰 실수는 계속해서 나아가지 않는 것이다. 우리에게 주어진 일에 최선을 다하고 열정을 쏟는 것은 신나는 일이다." 고 말했다.

우리가 어떤 일을 하더라도 열의와 사랑을 가지고 빈틈없이 도전하여 나가야 한다. 비록 그릇을 닦는 일을 하더라도 왕의 그릇이라고 생각할 정도로 반짝거리게 닦아야 한다.

모든 일에 기쁘고 감사하는 마음으로 있는 힘과 열정을 다 쏟아야 한다. 무력감은 박약한 의지와 무책임한 태도에서 시작된다. 우리는 모든 일에 최선을 다한다는 것이 중요하다. 열정을 쏟지 않고 이루어진 위대한 일은 하나도 없다.

목적이 아닌 수단으로
돈의 의미 생각하기

▷ ▷ ▷

멋지게 살려면 돈을 불러들여라. 돈을 쓸 때 "돈아! 너를 먼저 보내서 미안하다. 다시 올 때는 친구들과 같이 오라!."고 행운을 불러들이는 사람에게는 분명히 돈이 들어올 것이다. 돈도 돈을 사랑하는 사람에게 찾아온다.

돈을 어떻게 사용하느냐를 보면 그 사람의 인격을 알 수 있다. 성공하는 사람들은 돈을 잘 관리한다. 다른 사람의 도움이 없이 많은 재산을 모은 사람은 성공을 이루어 가는 사람이다.

돈을 버는 것도 중요하지만 어떻게 쓰느냐가 더 중요하다. 근면과 검소, 절약 그리고 성실의 매력을 가진 사람은 어떤 역경도 뚫고 나가 이겨낼 수 있는 저력을 가지고 있다.

그러나 허영심이나 겉치레의 세속적인 성공으로 눈을 현혹한다면 낭비와 파탄으로 자멸할 것이다. 돈을 미워하거나 천대해서는 안 된다.

돈이 따라오게 해야지 돈을 따라가서는 안 된다고 한다. 돈은 돌고 돌아서 돈이라는 이야기가 있다. 돈을 자신에게 들어오게 하고 들어온 돈을 잘 관리하는 것이 중요하다. 들어온 돈보다 많은 지출이 된다면 실패할 것이다.

돈이 들어오면 늘어나게 하는 사람이 있고 돈이 들어오면 점점 더 줄어들게 하는 사람이 있다. 돈을 잘 관리하는 사람은 물질이 점점 더 불어난다.

"꾸어 쓴 돈이 낭비가 많아 헤프다." 는 속담이 있다. "공짜가 가장 비싸다. 싼 것이 가장 비싸다."는 말도 있다. 모든 것은 제값을 치러야 제 몫을 한다는 것이다. 어떤 것이든지 제값을 치르고 제대로 관리를 해야 한다.

가족과 친구와 소중한 사랑의 힘이 있다는 것을 알아야 한다. 이 세상은 돈이 전부가 아니다. 그러나 분명한 것은 돈과 물질을 잘 관리할 줄 알아야 한다.

돈을 욕망의 무기로 삼을 것이 아니라 행복과 나눔의 도구로 사용해야 한다. 물질에 갇혀 벽을 만들어가기보다는 물질을 통하여 감동과 감격을 만들어 갈 수 있는 지혜가 필요하다. 돈에 이용당하기보다는 돈을 지배하는 사람이 되어야 한다.

워싱턴 인더스트리사를 창건한 존 맥코넬은 경이적인 성장을 거듭하여 연 오백만 달러라는 획기적인 수익을 올릴 수 있었던 이유가 자신의 한 가지 신념 때문이었다고 고백한다.

그 신념은 바로 "남에게 대접받기를 원하는 대로 남을 대접하라"는 것이다.

쉽게 생각하면 남들이 내게 해주기를 원하는 대로 내가 먼저 베풀어야 한다는 말이지만 내면적인 의미는 조금 다르다. 남의 입장을 내 처지로 바꾸어 놓고 그 사람의 입장에 대해서 생각할 줄 알아야 한다.

각기 입장을 배려해 줄 수 있는 사람이 모인 회사라면 당연히 성공할 수밖에 없다. 돈만 생각하면 망할 수밖에 없다.

우리가 돈을 생각할 때 중요한 것은 돈을 모으는 것도 중요하지만 어떻게 쓰느냐가 더 중요하다. 돈을 낭비하거나 탕진하는 것은 아무리 성공한 후의 일이라도 실패한 삶이다. 돈을 벌었으면 그 돈을 의미 있게 쓸 수 있는 지혜가 있느냐에 따라 그 사람의 진정한 성공한 모습이 나타난다.

돈을 잘 사용하면 멋지고 성공적인 삶으로 존경을 받을 수 있다. 조지 보먼은 그의 저서 〈어떻게 돈으로 성공할 수 있는가?〉에서 성공할 방법을 이렇게 말한다.

"불타는 소원이 있어야 한다. 소원을 이루기 위해 시간을 투자하여야 한다. 계획을 세워야 한다."

긍정의 언어로
더욱 발전하기

▷ ▷ ▷

잠재의식 중에 부정적인 언어가 가득하면 행동 속에서 똑같이 작용한다. 잠재의식은 우리의 마음과 행동을 마치 배의 선장처럼 움직이고 있다. 잠재의식 중에 있는 부정적인 언어를 떨쳐 버려야 한다.

두려움이 있을 때 부정적인 언어를 사용한다. 두려움은 자신감을 좀먹고 자부심을 부패시키며 오랜 시간에 걸쳐 인생의 낙오자라고 말하려고 한다. 두려움이 우리를 지배하도록 내버려두는 한 용감하게 성공하는 삶을 살아갈 수 없다. 우리는 두려움과 맞서야 한다. 두려움은 정복할 수도 있고 물리칠 수도 있다.

미국의 대통령이었던 루스벨트는 이렇게 말했다.

"우리가 두려워해야 할 유일한 것은 바로 두려움 그 자체다."

나폴레옹 힐은 이렇게 말했다.

"두려움과 맞서라. 그러면 두려움을 사라지게 할 수 있다."

우리는 모두 자신의 능력을 충분히 발휘하여 성공하기를 원한다. 풍요로움과 행복을 누리려 한다. 변화를 원한다. 건강과 행복을 확실하게 누릴 수 있기를 원한다. 목적이 뚜렷하고 의미 있는 인간관계를 맺기를 원한다. 사랑과 기쁨, 축복과 만족을 원한다. 그렇다면 우리는 일상생활 속에서 부정적인 언어를 쓰지 말아야 한다.

1. 난 결코 해내지 못할 거야.

2. 내 능력은 항상 부족하잖아.

3. 내가 하는 일은 결국엔 실패하고 말아.

4. 내가 그렇게 실력 있는 사람과 어떻게 일을 할까.

5. 난 실패자야.

6. 나는 되는 일이 없잖아.

7. 나는 원래부터 그랬어!

8. 나를 누가 도와주겠어!

9. 나를 사람들이 믿어줄까.

10. 나는 부족할 뿐이잖아!

잠재의식 중에도 자신감을 가지기 위한 언어를 표현하면 삶의 모습이 한층 더 활기차게 달라질 것이다.

잠재의식은 우리에게 크나큰 영향을 미친다. 자기 암시는 효과가 대단히 크다.

그러므로 항상 잠재의식 중에도 자신감을 가질 수 있는 언어를 외쳐야 한다. 우리는 할 수 있다. 성공을 단번에 얻을 수도 있고 시간이 지나면서 축적된 노력의 결과로 얻을 수 있다.

옛날부터 병은 마음에서부터 생겨난다고 한다. 병을 만드는 원인은 자기 자신의 마음가짐이다. 불안 자체는 병이 아니다. 그러나 불안을 두려워하는 상태가 병이다. 괴롭다, 힘들다는 마음을 품고 있으면 그것이 원인이 되어 더욱더 괴로움이 심해지고 부정적인 말을 사용한다.

괴로움이 늘어나면 산다는 것이 지겹게 느껴질 수 있다. 그러므로 우리의 마음가짐이 중요하다. 긍정적인 언어를 통하여 우리의 마음을 변화시켜야 한다. 언어는 우리의 마음을 변화시켜주기 때문이다.

우리가 가진 두려움을 뚫고 나가기 위하여 긍정적인 언어를 사용해야 한다.

1. 나는 자신감으로 가득 차 있다.

2. 나에게는 장점과 재능 그리고 재주를 가지고 있다.

3. 나는 능력을 지녔다.

4. 나는 내가 하고자 하는 목표에 집중하고 있다.

5. 나는 내가 무엇을 원하는지 알고 있다.

6. 나는 카리스마를 통해 강한 영향력을 나타내고 있다.

7. 나는 내면에서 자신감과 능력이 자라고 있음을 느낀다.

8. 나는 내 목표를 이룰 것이다.

9. 나는 꿈과 비전을 이룰 것이다.

10. 나는 성공할 수 있다.

삶을 망가뜨리는 부정적인 언어를 사용하면 우리의 모습은 추하게 된다. 언어는 우리의 삶을 만들고 얼굴 표정을 만들고 우리의 삶의 열매를 만든다.

사람들은 자신이 희망하는 대로 살지 못하는 이유 중의 하나는 자신에 대해서 부정적인 언어를 사용하기 때문이다. 삶의 풍성해지지 못하고 초라해지는 이유도 마찬가지다. 자신의 삶을 망가뜨리는 부정적인 언어는 사용해서는 안 된다.

1. 내 얼굴은 너무 못생겼다.

2. 나는 너무 뚱뚱하다.

3. 나는 너무 키가 작다.

4. 나는 머리가 원래 나쁘다.

5. 나는 몸이 너무 약하다.

6. 나는 학벌이 없다.

7. 나는 배경이 없다.

8. 나는 가진 것이 없다.

9. 실수해서 사고가 나면 어떻게 하지.

10. 나는 별로 좋은 사람이 아니다.

우리는 좋은 일이라면 기뻐해야 한다. 그러나 만약 그것이 나쁜 일이라면 되새기지 말아야 한다. 긍정적이고 낙관적인 마음가짐으로 삶을 살아가야 한다. 삶에 힘을 주는 긍정적인 언어를 사용해야 한다. 성공은 또 다른 성공을 유도한다는 말이 있다.

이 말의 의미는 어떤 일에 성공하면 그 체험이 자신감으로 변하여 다음의 성공을 야기한다는 것이다.

성공하기 위해서는 한 걸음 한 걸음 착실하게 전진하는 것이 중요하다. 갑자기 큰일을 이루고자 하면 대부분 실패한다. 우리 앞에 있는 목표를 달성하여 성공체험의 자신감을 지니고 나서 전진하는 것이 중요하다. 눈앞의 목표를 달성하면 마음은 더 큰 목표를 계획한다. 다음의 목표가 힘들지라도 성공의 확률이 높아진다. 실패의 원인은 언제나 나에게 있다. 그 원인 중의 하나가 부정적인 언어를 사용하는 습관이다. 이 습관을 버려야 한다.

자신에게도 긍정적인 언어를 사용하면 삶의 힘이 생긴다. 부정적인 언어는 마음을 상하게 하고 힘들게 만드나 긍정적인 언어는 기대감을 주고 확신을 주고 힘을 준다.

1. 나는 건강하다. 앞으로도 건강할 것이다.

2. 나는 정말 멋진 사람이다.

3. 나는 행복하다.

4. 나의 삶에는 목표가 있다.

5. 나에게는 꿈이 있다.

6. 나는 사람들을 좋아한다.

7. 다른 사람들도 나를 좋아한다.

8. 나는 성공할 것이다.

9. 나는 일하기를 좋아한다.

10. 나의 삶에 기대가 된다.

PART 5

더 나은
미래로

책 속으로
글자들의 여행을 떠나라

▷ ▷ ▷

성공하는 사람들은 책을 읽는다. 책은 우리에게 많은 것을 제공해주고 많은 것을 간접적으로 체험하게 한다. 우리에게 많은 정보와 지식을 제공해준다.

독서는 글자 속으로의 여행이며 언어들을 통하여 역사와 세상 풍경을 바라보며 사람들의 마음을 읽어낸다. 현대는 다양한 매체 시대이다.

책 읽기 곧 독서가 기본이 되지 않으면 모든 문화에 적응하기 쉽지 않으며 그 문화를 잘 활용하는 데 역부족인 경우가 많다. 그러므로 독서를 통하여 풍부한 정보와 지식을 가짐으로써 자신의 삶은 물론 새로운 문화에 적응하고 문화를 새롭게 발전시켜 나가야 한다.

우리는 시각, 청각, 촉각, 미각, 후각 등 많은 감각을 가졌는데 모든 정보를 머리에 새겨두어야 한다. 그러므로 독서를 할 때도 눈과 귀만이 아니라 가능한 한 많은 감각을 통하여 기억하는 것이 더 놀라운 효과를 볼 수 있다.

우리들의 삶의 질에도 놀라운 변화를 가져다준다. 왜냐면 독서는 갖가지 체험을 직접 간접으로 해주며 갖가지 정보를 가져다주기 때문이다.

독서를 통하여 우리들의 역사를 확인할 수 있다. 독서가 얼마나 중요한 것인가를 알아야 한다.

에드몬드 비그는 이렇게 말했다.

"독서 후에 생각하지 않는 것은 식사 후에 소화를 시키지 않는 것과 마찬가지다."

데카르트는 이렇게 말했다.

"좋은 책을 읽는 것은 과거의 뛰어난 사람들과 대화를 나누는 것과 같다."

소크라테스는 이렇게 말했다.

"남의 책을 읽어라. 남이 고생한 것을 가지고 쉽게 자기를 개선할 수 있다."

찰스 스펄전이 어렸을 때부터 100여 번이나 탐독한 책은 〈천로역정〉이다.

그는 6살 때 목사관 2층의 어두침침한 방에서 천로역정 복사판을 발견했는데, 그 책의 표지는 목판화로 되어있었다. 아래층으로 가지고 내려와서 밝은 불빛에서 본 표지의 그림을 그는 평생 잊을 수가 없다고 하였다. 등에 무거운 짐을 지고 있는 예수의 모습이 대단히 인상적이었기 때문이다.

그는 18세의 나이로 워터비치의 작은 침례교회 목회자가 되었다. 스펄전은 전국에서 화제가 된 인물이 되었고 그의 설교는 문서화되어 전 세계 사람들에게 읽혔으며 그 후 40년 동안 무수한 사람들 앞에서 메시지를 전하였다. 한 권의 책이 한 사람의 삶을 위대하게 만들어 놓은 것이다.

세상에서 가장 영향력 있는 사람들은 책을 아는 사람들이다. 이들은 자신에게 적합한 일하는 습관을 터득하고 할 일을 철저하게 계획한다.

우선순위를 짜임새 있게 정하여 시간을 적절하게 배분함으로써 효율적으로 관리할 줄 아는 사람이다. 폭넓은 독서를 통해 비전을 품고 도전하는 사람이 성공한다.

지금부터 1000여 년 전 송나라 때의 일이다. 당대의 저명한 정치가이며 학자였던 구양수는 독서를 위한 삼상의 좋은 점을 말했다.

삼상이란 말을 타고서 책을 읽는 것과 침실에서 책을 읽는 것과 화장실에 가서 앉아 있는 동안 책을 읽는 것을 말한다. 그래서 이를 마상, 침상, 측상이라고 표현했다. 어떤 생각을 정리할 때 이 삼상 시간대가 아주 좋다고 한다.

책을 왜 읽겠는가? 〈격몽요결〉에 이런 글귀가 있다.

"사람이 독서를 하는 데 있어서 입으로만 읽고 마음으로 체험하지 아니하며 몸으로 행하지 아니하면 글은 다만 글자에 지나지 않으니 실제로 유익한 것이 하나도 없다."

사람이 사람다운 구실을 하려면 첫째, 몸이 튼튼해야 한다. 또 튼튼한 몸을 뒷받침해주는 마음 즉 정신이 건전해야 한다. 몸이 병든 사람, 또 신체는 건강한데 정신이 불건전한 사람 등 참으로 다양한 사람들이 살고 있다.

우리가 날마다 먹는 여러 가지 음식은 우리의 몸을 지탱할 수 있는 영양분을 공급해 준다.

그러나 우리의 정신에는 직접적인 영양을 주지 않는다. 우리의 정신과 영혼을 윤택하게 해주고 올바른 마음을 가질 수 있는 길잡이는 바로 책이다.

우리의 삶은 한 권의 책과 같다. 바보들은 그것을 아무렇게나 넘겨가지만 현명한 사람은 차분히 읽는다. 그들은 단 한 번밖에 읽지 못한다는 것을 알고 있기 때문이다.

"책 속에 길이 있다."

"사람이 책을 만들고 책이 사람을 만든다."

이 두 말은 독서가 우리에게 얼마나 중요한가를 알려주는 말이다. 이븐 티이븐은 이렇게 말했다.

"책이 그대의 벗이 되게 하라. 책을 그대의 동반자로 삼아라. 서재를 그대의 낙원으로 삼아라. 그대의 과수원이 되게 하라. 그 낙원을 거닐어라. 그리고 향기로운 좋은 과일을 따 모아라. 거기에 꺾은 장미로 그대를 장식하라. 후추나무 열매를 따라 뜰에서 뜰로 거닐며 아름다운 경치를 끊임없이 바꾸어가며 보아라. 그리하면 그대의 희망은 늘 신선하며 그대의 마음에는 기쁨이 넘쳐흐를 것이다."

정상에 오르는 기쁨을
마음껏 누려라

▷ ▷ ▷

삶을 산다는 것은 결코 쉬운 일이 아니다. 세상살이는 우리의 마음을 괴롭히는 갖가지 일들로 가득 차 있다. 살아가는 일 자체가 문제가 되는 것은 아니다.

사람은 싫어하든 좋아하든 인생을 살아가야만 하기 때문이다. 문제는 어떠한 마음을 가지고 살아가야 하느냐에 달렸다. 어떤 사람은 쌓이는 원통함, 패배감, 실망, 구할 길이 없는 절망감을 안고서 살아간다. 어떠한 상황에서도 자기에게 주인 일을 이루어 가는 것이 가장 중요하다.

카네기는 "성공의 비결은 어떤 직업을 가지고 있든 간에 그 분야에서 제1인자가 되려고 하는 데 있다."고 말했다.

강철왕 카네기는 젊었을 때 많은 직업을 가졌는데 방직공장 공원, 증기 기관차 화부, 집배원 등의 생활을 했다.

어떤 일을 하든지 카네기는 항상 신념을 가지고 세계 제일의 하부, 세계 제일의 철도원이 되겠다고 결심을 하였다. 그는 해내고야 말았다.

"내가 성공한 것은 내게 주어진 일에 전심전력을 다 했기 때문이다."

카네기의 사무실에는 그가 아끼는 그림 한 폭이 걸려 있었다. 그 그림은 유명한 화가의 작품도 아니었고 값나가는 골동품도 아니었다. 그 그림은 커다란 나룻배에 노 하나가 걸쳐 있는 그림으로 썰물 때에 모래사장에 아무렇게나 버려진 볼품없는 그림이었다.

그런데 그 그림 밑에는 "반드시 밀물 때가 오리라."는 글귀가 씌어 있었다. 카네기는 춥고 배고프고 초라했던 청년기에 그 글귀를 보고 소망을 갖게 되었다고 한다.

우리가 무엇을 어떤 눈으로 바라보느냐에 따라 삶은 달라진다. 우리에게는 꿈이 있고 그 꿈을 스스로 꾸준히 이루기 위하여 노력을 해나가면 꿈을 현실로 만들어 놓을 수 있다.

우리가 나아갈 길을 결정하면 어떤 장애물이나 고통이 오더라도 꿈을 포기해서는 안 된다. 꿈을 이루기 위하여 고난과 역경이 몰려오더라도 헤쳐 나가야 한다.

성공을 만들어가는 사람은 장애물에 관계 없이 성공을 만들어간다. 성공을 이루는 것은 끈질긴 인내가 중요하다. 성공을 만드는 것은 성취하려는 끈기와 결단력이 필요하다.

우리의 삶에는 연습이 없으며 단 한 번뿐이다. 우리의 삶에는 오픈 게임이 없다. 날마다 도전이며 전투다.

매일 매일 결승전이다. 남이 내 삶을 대신 살아줄 수 없고 내가 남의 삶을 대신 살아줄 수는 없다. 아무도 대신 살아 줄 수 없는 삶이기에 성공하는 지혜를 배우고 열정을 쏟아 성공을 만들어가야 한다.

한 번뿐인 삶에 성공하려면 끊임없이 도전해야 한다. 도전 없는 성공이란 있을 수 없기 때문이다. 도전했다가 실패하면 50%만 실패하나 도전조차 하지 않는다면 100% 실패한다. 목표를 향해 도전해야 한다. 그리고 성공을 만들어가야 한다.

우리가 남의 일을 해줄 때도 나의 일처럼 최선을 다하여 해주어야 한다. 우리의 삶은 심은 대로 거두게 되어있고 행한 대로 거두게 되어 있다. 자기 일에 최선을 다하는 사람이야말로 멋진 삶을 살아가는 사람이다.

토머스 에디슨은 전구, 축음기, 발전기, 가정용 영사기 등 1093개를 발명하여 세계 신기록을 세웠다. 그러나 에디슨만큼 실패를 거듭한 사람도 없다. 그는 전구 하나를 만드는 데 무려 1만 번이나 실패했다. 전구를 제외한 발명품 1,092개를 만드는 데도 이루 말할 수 없는 실패를 거듭하였다. 그러나 에디슨은 계속되는 고난과 실패에도 좌절하지 않고 이겨내어 성공한 발명가가 됐다.

자기에게 주어진 일에 최고가 된다면 그것은 성공한 것이다. 성공을 이루기까지의 모든 결과는 한순간에 나타난다. 성공하는 사람들은 바로 이 순간을 알기에 철저하게 자기 분야에 최고가 되기 위하여 모든 열정을 다 쏟는다.

준비된 자에게
기회가 온다

▷ ▷ ▷

기적이란 무엇인가? 기적은 누구에게나 일어날 수 있다. 기적이 일어나는 것을 믿는 사람들에게 일어난다. 기적(奇籍)은 기이하고 뛰어난 일을 말한다. 자기 스스로 기적을 만들고 좋아할 수 있는 삶은 기대가 되고 참으로 멋지다.

자기가 좋아하는 일을 할 수 있다는 것은 참으로 매혹적이다. 살아있는 생동감을 가지고 기쁨과 영감을 가득히 느껴야 한다. 자신의 일에 열정을 쏟아붓는 것은 대단히 명쾌하고 신난다.

미국 인텔 본사 입구에는 "미친 사람들만 살아남는다."(only the paranoids survive)라고 적혀 있다. 삶을 진정으로 멋지게 살고 싶다면 마음 한 번 질끈 동여매고 화끈한 열정으로 따뜻한 삶을 살면 기적 같은 일들이 눈앞에 일어난다. 세상은 정말 자기 일에 미친 사람들만이 살아남는다. 오직 한 길을 가는 사람들이다. 언제나 노력하고 열정을 쏟아붓고 최선을 다하는 사람들이다.

그들은 분명히 자신이 원하는 것을 누릴 수 있다. 오직 한 길에 매진하여 끼를 발휘하여 꾼이 된 사람들은 분명히 행복하게 살아갈 수 있는 특권이 있다.

오늘날 각 분야에서 신화와 같은 이야기를 만들어내며 성공하는 사람들이 많다. 그들은 오직 자신 일에 매진하고 최선을 다한 사람들이다. 기적은 자기 일에 미치도록 열정을 쏟은 사람들이 이루어내는 가상의 일이 아니라 현실이다.

인간은 누구나 최선을 다하여 살 때 자신의 삶에 기적을 이룰 수 있다. 자신이 상상하고 원하던 일이 이루어진다면 얼마나 신기하고 매력적이고 감동할 일인가?

이 놀라운 일들을 만들어내기 위하여 사람들은 다른 사람들이 머뭇거릴 때 움직이며 한발 앞서서 행동해 나가는 것이다.

이 세상에 어떤 일이든지 피와 땀과 눈물이 없이는 이루어지는 일이 없다. 잘 펼쳐진 종이는 던지면 멀리 가지 못하지만 구겨지고 뭉친 종이는 던지면 멀리 날아간다. 고난과 고통 없이 이루어지는 것은 없다.

상상(想像)은 경험하지 못한 것을 마음속으로 미루어 생각하는 것을 말한다. 상상력이 풍부한 사람은 낙심하지 않는다. 즐거운 상상을 하면 짜증과 원망과 불평이 한순간에 사라지고 우울함에서 벗어나 행복해진다. 그리고 아름답고 희망적인 생각으로 가득하게 만들어야 한다.

우에니시 아키라는 "'프레시 워칭(Fresh Watching)' 아직 가본 적이 없는 새로운 것을 찾아가본다."는 말을 했다. 남이 하지 않은 일 자기만의 독특한 일을 해본 것도 참 즐거운 일이다. 날마다 즐거운 상상을 하라.

어느 유명한 사진작가가 "사진을 잘 찍으려면 사진기 뚜껑부터 열어야 한다."고 말했다. 기적 같은 삶을 만들고 싶다면 자신의 마음부터 활짝 열어야 한다.

누에고치는 8센티미터의 길이지만 명주실을 뽑아내면 1,200미터에서 1,500미터까지 나온다고 한다. 얼마나 엄청난 기적인가. 우리에게 있는 무한한 능력을 마음껏 끄집어내서 써야 한다.

〈록키〉의 배우 실베스터 스탤론은 집이 너무나 가난해서 자선 병동에서 태어났다. 아마추어 의사의 실수로 왼편 눈 아래가 마비되는 사고를 당했다. 말할 때 치명적인 발음장애까지 있었다. 12살 때 부모가 이혼하고 학교를 12번이나 옮기는 등 불행한 유년시절을 보냈다. 영화배우가 되고 싶은 꿈이 있었지만 인맥도 돈도 없어 좋은 역할을 하지 못했다. 나이 서른 살에 아내가 임신했고 돈이라고는 106달러 밖에 없는 가난뱅이였다.

영화의 성공을 상상하고 그리며 록키 영화 각본을 써서 할리우드 제작사를 찾아다녔다. 무명배우라 무시하며 최소한의 비용으로 영화를 만들게 했다. 그러나 실베스터 스탤론은 실망하지 않고 최선을 다해 28일 만에 록키 영화를 만들었다. 이 영화가 대 히트를 하면서 흥행에 성공하였고 세계적인 배우가 되었다.

씨앗 속에는

용혜원

씨앗 속에는
나무의 내일이 숨어 있다
씨앗 속에는
씨앗으로만 있기에는
너무나 커다란 꿈이 있다

연이어 피어날 수많은 꽃과

탐스러움을 자랑하는 수많은 열매와

새들이 둥지를 틀 수 있는

큰 나무 한 그루가 꼭꼭 숨어 있다

씨앗은

큰 나무의 꿈을 이루기 위해

싹을 틔운다

나무의 씨앗 하나하나마다

싹이 돋아나기 시작할 때

나무의 내일이 시작된다

자신의 마음속에서 시작하는 미래의 꿈을 현실로 만들어가는 기쁨이란 하늘을 날아오르는 듯 대단한 기쁨이다. 위대한 생각을 해야 위대한 일을 만들 수 있다. 아무런 생각과 행동 없이 미래를 만들어 낼 수 없다.

조슈아 레이놀즈는 "탁월한 능력은 노력의 대가로서만 인간에게 주어진다.

올바르게 노력을 기울일 때 안 되는 일이 없고, 올바른 노력 없이 되는 일이 없다!"고 말했다. 항상 즐겁게 웃으며 아름답고 건강한 삶을 살아야 한다.

축복받은 사람은
자기 일을 발견한 사람이다

▷ ▷ ▷

지그 지글러는 "성공하려면 자신이 무슨 일을 하고 있는지 알아야 한다."고 했다. 그러나 그 일을 좋아하고 그 일을 믿고 해나가야 한다. 우리에게 주어진 삶의 시간 동안 성취하는 기쁨을 맛본다면 그보다 좋을 수가 있을까?

톨스토이는 "행복이란 후회가 없는 만족이다."고 했다. 후회가 없는 삶은 최고로 멋진 삶이다.

우리는 인생을 천 번 산다 하여도 아름답고 멋진 삶을 살아야 한다. 모든 사람에게 하루는 24시간이다. 시간은 누구에게나 공평하게 주어진다. 그러나 같은 시간이라도 시간을 어떻게 사용하는가에 따라 결과가 달라진다.

성공하는 사람들은 시간을 잘 활용한다. 사람의 인격 수양과 삶의 모든 행동은 자신에게 주어진 시간을 어떻게 쓰느냐에 따라서 달라진다. 시간 관리 삶의 성공과 실패를 결정한다.

시간을 어떻게 쓰고 있는지를 조사해 보면 매우 충격적인 결과가 나온다. 시간에 대해 언제나 기억해야 할 것들이 있다. 우리에게 주어진 시간은 한정되어 있다. 그 마지막이 왔을 때 그 이상의 시간을 손에 넣을 수는 없다. 인생의 길이는 누구도 알 수가 없다. 해야 할 일이 있으면 지금 해야 한다.

프로 권투 헤비급 챔피언인 제임스 콜베트는 성공의 비결을 한 번더 도전하는 근성이라고 한다.

"1라운드만 힘내서 싸우면 챔피언 된다. 지쳤지만 한 번만 더 힘을 내 링 한복판으로 뛰어들어라. 팔이 너무 아파서 들어 올리기 힘들더라도 마지막이라고 생각하고 한 번만 더 팔을 뻗어라! 코피가 나고 눈이 멍들고 너무 힘들어서 차라리 상대방이 때려눕혀 주었으면 하는 생각이 들어도 마지막으로 한번 더 싸워라. 한 번 싸우겠다는 정신으로 달려드는 사람은 죽지 않는다. 인간에게는 두 번, 세 번, 네 번 심지어 일곱 번이라도 도전할 수 있는 잠재력이 있다."

스코트는 이렇게 말했다.

"시간을 낭비하지 말라. 무슨 일이든지 해야 할 일이 닥치면 즉시 해치워라, 일을 끝낸 후에 놀도록 해라. 절대로 일이 끝나기 전에 놀아서는 안 된다. 사무란 군대의 행진과 같아서 만일에 전방의 부대가 크게 공격을 받아서 흩어지면 그 뒤를 따르는 후방부대는 혼란에 빠질 것이 당연하다. 일도 이처럼 처음 손에 잡은 일은 밀리게 되어 조급한 마음을 금치 못한다."

기억할 것은 머리를 쉬게 할 분명한 휴식 시간도 필요하다는 것이다. 사람이 많은 일을 하고 쉴 시간이 없으면 능률이 오르지 않는다. 그러므로 충분한 휴식 시간과 수면을 취해야 한다.

수면이 우리의 몸에 끼치는 영향은 마치 시계의 태엽을 감는 것과 같다. 쉴 시간이 있어야 정확하게 잘 돌아간다. 우리의 머리를 써야 할 시간이 많으면 많을수록 충분한 휴식이 필요하다.

우리의 삶을 하찮은 일들 때문에 방해받지 않도록 해야 한다. 우리의 귀중한 삶의 시간을 헛되이 소비해서는 안 된다. 중요한 일은 순서를 정해서 해야 한다. 일을 잘하는 사람들은 시간을 잘 만들어내고 시간을 잘 사용한다.

시간을 녹슬게 만드는 어리석은 행동은 하지 말아야 한다. 우리에게 주어진 시간이 성공으로 빛을 발휘해야 한다. 시간은 어떻게 쓰느냐에 따라 다른 모습을 우리에게 보여준다. 시간은 우리의 삶을 실패로도 만들고 성공으로도 만든다. 시간을 어떻게 쓰느냐에 따라 방향과 결과는 엄청나게 큰 차이를 나타내 보여준다.

시간에 대해서 이렇게 생각할 수 있다. 모든 사람은 시간이라는 관점에서 평등하게 창조되었다. 우리는 항상 성공을 이루어 가기에 충분한 시간이 있다.

시간은 먼저 작은 단위로부터 허비되기 시작한다. 긴장을 푸는 것은 시간의 소비가 아니다. 시간 관리는 우리에게 시간이 주어진 뜻을 분명하게 깨닫고 보람된 삶을 사는 데 필요하다.

우리에게 주어진 시간을 어떻게 사용하는가?

작은 자투리 시간을 어떻게 사용하는가?

혹 불평하고 남을 욕하는 데 사용하지 않는가?

같은 시간이라도 지혜롭게 사용하면 몇십 배의 가치를 창출해 낼 수 있다. 시간이 없다고 수선을 피우기 전에 시간을 지혜롭게 사용하여 성공을 만들어가야 한다.

시간은 위대한 치료자이며 변화를 전공한 재단사이다. 어떤 변화들은 악화시키는 것이요, 어떤 변화는 더 좋게 만든다. 시간은 친구도 아니오, 적도 아니다. 그것은 어떻게 하느냐에 달려 있다. 시간은 기계적이다. 그것은 규칙적으로 움직인다. 시간을 빨리 가게 할 수도 없고 시간을 정지시킬 수도 없고 시간을 돌이킬 수도 없다.

호레이스만은 "일출과 일몰 사이의 시간이든 어떤 시간이든 한 시간은 60분이다. 그리고 한 번 잃은 시간은 다시 돌아오지 않는다. 왜냐하면 그것은 영원히 가버렸기 때문이다."고 말했다.

우리에게 주어진 시간에 무엇을 해낼 수 있을까? 많은 것을 해낼 수 있다. 그러나 게으름뱅이는 시간을 흘려보내고 만다.

시간은 날아간다. 그러나 우리는 조종사이다. 시간이 흐르는 것을 바라보는 것보다 중요한 것은 시간을 유효적절하게 잘 활용하는 것이다.

나이가 들어 삶의 시간이 짧아질 때 다음 일을 잊지 말아야 한다. 일을 중단한 상태로 남겨두지 말 것. 영원히 끝마치지 못한 상태가 되지 않도록 해야 한다.

우리가 해야 할 일을 신중하게 선택해야 한다. 모든 일을 다 할 수 있는 시간이 그리 많지 않기 때문이다. 우리에게 주어진 시간은 중요한 일에 써야 한다. 시간이 성공을 만든다.

성공한 사람은 자신을 바라보는 시간을 만든다. 성공한 사람은 남의 이야기를 듣는 시간을 만든다. 성공한 사람은 아이들을 위한 시간을 만든다.

성공한 사람들은 노인들을 위한 시간을 만든다. 성공한 사람들은 가족들을 위한 시간을 만든다. 성공한 사람들은 자연을 가까이하는 시간을 만든다.

성공한 사람들은 독서할 시간을 만든다. 성공한 사람들은 일할 시간을 만든다. 성공한 사람들은 건강관리할 시간을 만든다. 성공한 사람들은 과거의 시간에 살지 않는다. 미래를 향하여 언제나 새로운 출발을 한다.

오늘은 추억이 되고
내일은 희망이다

▷ ▷ ▷

삶 속에서 오늘은 추억이 되고 내일은 희망이다. 나이가 들어갈수록 시간과 세월은 너무나 빠른 속도를 내며 달려간다. 나도 더 열정적으로 살기로 했다. 더 뜨겁게 더 강렬하게 불태우며 사는 것이다. 올해도 역시 바쁘고 분주하게 보냈다. 바쁜 중에도 여행하는 시간을 만들고 즐겼다.

여행이란 준비하고 기다리는 순간도 참 좋다. 여행을 떠나 가벼운 마음으로 새로운 풍경에 몸과 마음을 담는 것도 좋은 일이다. 여행을 떠나 보면 생각한 것과 본 것은 역시 다르다. 읽는 것과 보는 것도 다르다. 체험보다 소중한 것은 없다. 보고 알고 느껴야 삶의 맛이 더욱 좋다. "죽을 각오로 시간을 내어 여행을 떠나라."는 말의 의미가 새롭다.

인생 자체가 여행이라 하지만 실제로 여행을 떠나야 삶이 더 풍요롭고 감성이 잘 살아난다. 여행을 체험하면 할수록 생기가 돌고 감동이 넘친다. 여행을 떠나라 인생이 달라진다. 삶을 방관하지 말고 실감 나게 살아야 한다. 여행은 자신의 삶에 새로운 변화를 준다. 잠자던 열정을 깨우고 자신감을 충만하게 만들어준다. 여행은 더 온전한 삶을 살고자 스스로 떠나는 것이다.

제주도 올레길 몇 번 2박 3일씩 여행을 했다. 올레길은 아름다웠다. 올레길은 몇 번의 시를 선물해 주었다. 올레길을 걸으려고 바닷가에 나갔더니 가슴이 시원하도록 바다가 한눈에 들어왔다.

바다

용혜원

바다를 보니, 한순간에
가슴이 탁 터지는데
파도는 자꾸만 밀려와서
그리움을 만들어 놓는다

바다는 금방 마음속에 시 한 편을 그려놓았다.

올레길을 걸으며 수평선이 참 아름답고 멋지다는 것을 가슴에 담았다. 삶도 항상 아름다운 선을 연결해야 한다. 사랑과 우정과 낭만과 열정의 선들이 연결되어 더욱더 행복하고 마름다운 삶을 만들어가야 한다. 수평선이 시 한 편을 선물해 주었다.

수평선

용혜원

누가 바다 끝에
저렇게 아름다운
금 하나를
그어 놓았을까

일할 때는 일하고 쉴 때는 분명하게 쉬어야 능률이 나고 사는 맛을 느낄 수 있다. 시간이 없다고 말하지 말고 틈을 내어 여행을 떠나야 한다. 일에만 빠져 있으면 지치고 살맛이 달아난다.

추억 하나쯤은

용혜원

추억 하나쯤은

꼬깃꼬깃 접어서

마음속에 넣어둘 걸 그랬다

살다가 문득 생각이 나면

꾹꾹 눌러 참고 있던 것들을

살짝 다시 꺼내보고 풀어보고 싶다

목매달고 애원했던 것들도

세월이 지나가면

뭐 그리 대단한 것도 아니다

끊어지고 이어지고

이어지고 끊어지는 것이

인연인가 보다

잊어보려고

말끔히 지워버렸는데

왜 다시 이어놓고 싶을까

그리움 탓에 서먹서먹하고

앙상해진 마음

다시 따뜻하게 안아주고 싶다

여행(旅行)은 인간이 행동하는 것을 잘 표현하고 있다. 틀에 박힌 삶을 사는 것은 사는 것이 아니라 죽은 것이다. 살아가는 것은 그냥 숨을 쉬고 호흡하는 것만이 아니라 행동하고 느끼며 사는 것이다. 여행은 삶을 성취감 있게 만들고 흥미를 갖게 하고 깊은 의미를 느끼게 해준다.

휴식의 시간을 갖고 싶고 새로운 변화에 목마르고 사랑하는 사람과 함께 하는 사랑의 시간을 만들고 싶어 한다. 여행은 삶의 질을 향상하며 자신감을 부여한다. 여행을 떠나기를 누구나 원한다. 여행을 가기를 원한다면 용기가 필요하다. 잠시 하던 일을 멈추고 떠날 용기가 있어야 한다.

세상의 언어 가운데 두 가지 언어만 남긴다면 사랑과 여행이라는 말이 있다. 여행에는 우수가 있고, 고독이 있으며 환희와 감탄이 있다.

그 모든 과정이 성숙하게 만든다. 여행하기를 위해 우선 있는 그대로 수용할 수 있는 마음을 가져야 한다. 그것은 폭넓은 인간미를 갖게 한다.

여행은 만남이다. 새로운 자연과 풍물과 역사와 미래와 현재를 만난다. 여행에는 반드시 주제와 목적이 있어야 한다. 주제가 없는 여행은 방황에 불과하다. 사람들은 누구나 영혼에 안식을 원하며 산다.

자신이 추구하는 것을 목표로 삼고 기쁨 속에서 이루어 가야 한다. 열정을 갖고 정상에 오르고 싶다면 탐욕을 버려야 한다. 시간이 허락될 때마다 쉼을 얻기 위해 여행을 떠나야 한다. 인간의 몸과 마음은 안식을 원한다. 희망과 목표를 이루려면 편안하게 안식할 수 있는 습관을 지녀야 한다.

조지 버나드 쇼는 "참된 한가함이란 우리가 좋아하는 것을 하는 자유이지 아무것도 안 하는 것은 아니다."라고 말했다. 한가로운 시간에 아주 좋은 아이디어가 떠오른다. 바쁘면 생각도 나지 않고 자유로움도 사라진다. 때론 한 박자 늦춰 살아야 한다.

삶은 백지로 만든 책인데 여행을 통하여 아름다운 그림을 그리는 것이다.

올해 쿠바에 10일간, 중국 황산에 5일간, 영국에 10일간 여행을 했다. 여행은 삶에 풍요로움을 선물해 주고 새로운 것과 옛것을 만나며 역사의 소중함을 깨닫게 해준다.

영국 여행 중에 시인 윌리엄 워즈워스의 고향을 가게 된 것은 행운과 축복이었다. 이렇게 아름다운 초원에서 살았으니 초원과 자연을 마음껏 노래했구나 하는 마음이 들었다. 역시 작가는 자신의 체험을 노래한다.

윌리엄 워즈워스는 "희망이란 무엇인가? 가냘픈 풀잎에 맺힌, 아침 이슬이거나, 위태로운 길목에서 빛나는 거미줄이다."라고 노래했다.

한 해 동안 수백 번의 강의를 하며 전국을 돌아다녔다. 나이 들어갈수록 황혼이 짙어 갈수록 삶을 기억하려고 살지 않고 추억하도록 살고 싶다. 삶 속에서 아름다운 스냅사진으로 남겨 놓고 싶은 아름답고 멋진 순간을 만들며 살고 싶다. 시로 표현한다.

삶의 아름다운 장면 하나

그대에게, 기억하고 싶고

소중하게 간직하고 싶고

누구에게나 말하고 싶은

삶의 아름다운 장면 하나 있습니까

그 그리움 때문에

삶을 더 아름답게 살아가고 싶은

용기가 나고 힘이 생기는

삶의 아름다운 장면 하나

나의 삶 동안 아름다운 여행은 계속될 것이다

공감, 소통
그리고 꿈

▷ ▷ ▷

세계 곳곳을 다니다 보면 우리나라처럼 심장이 뛰고 생기가 도는 나라는 별로 없다. 희망이 넘치고 미래가 있고 열정이 넘치는 나라가 대한민국이다. 이런 나라를 만들고, 만들어가는 것은 늘 앞선 스승들이 있고 따르는 제자가 있었기 때문이다.

요즘 위대한 스승 지도자가 없다고 말하지만 꼭 그렇지 않다고 생각한다. 예전에는 큰 거목과 같은 스승이 있었고 지금은 민초처럼 잘 드러나지 않지만 존경받고 사랑받는 스승들이 곳곳에 있다.

오늘의 시대는 물질 만능과 출세지상주의가 만연하고 있다. 언론에서 지도자들의 비리와 갖가지 자질 문제가 드러나기 때문에 위대한 스승이 없다고 보도하고 있다. 그러나 우리 눈에 잘 보이지 않지만 곳곳에 살아있고 열정을 가진 멋진 스승들이 많다.

오늘의 시대는 뛰어난 한 사람이나 몇 사람이 만들어가는 시대가 아니라 함께 이루어 가는 시대다. 그러므로 교육도 진공청소기처럼 빨아들였다가 필요가 없으면 던져버리는 교육이 아니라 스펀지처럼 잘 빨아들였다가 필요할 때 다 짜내려 해도 원형이 살아있는 교육이 필요하다. 올바른 교육을 통하여 스승과 제자가 되어야 한다.

비가 내릴 때 비가 겸손해지면 시냇물이 되고 시냇물이 겸손해지면 강물이 되고 강물이 겸손해지면 바다가 된다. 스승과 제자가 서로 이런 겸손한 마음을 갖는다면 이 땅의 교육은 더 살아있고 활력이 넘칠 것이다.

첫째로, 꿈을 갖고 나누며 살아야 한다.

오늘을 살아가는 젊은이와 스승 중에 꿈이 없는 사람들이 많다. 날마다 습관과 기계처럼 살아가면 삶에 의미와 보람이 없다. 스승과 제자는 꿈을 함께 나눌 수 있어야 한다. 꿈이 있는 사람이 매사에 모든 일을 잘한다. 삶에는 목표와 꿈이 확실하게 자리 잡고 있어야 한다. 꿈이란 바라는 것이다. 꿈은 목표를 만들어 놓고 이루어내는 것이다.

누구나 고난과 역경을 이겨내면서 성장한다. 힘든 노력 없이 획득한 성공은 아무런 가치가 없다. 역경이 없으면 성공도 없고 목표가 없는 삶은 아무런 결과를 얻을 수가 없다. 우리의 삶은 도전과 도전이 계속된다. 그러나 내딛지 않으면 아무런 일도 일어나지 않고 성공의 문턱에도 들어갈 수가 없다.

제임스 엘런은 "인간의 마음은 정원과 같아서 지혜롭게 가꿀 수 있고 야생의 들판으로 버려둘 수도 있다."고 말하고 있다.

조지 워싱턴은 "나는 아름다운 여자와 결혼할 것이다. 나는 미국에서 가장 큰 부자가 될 것이다. 나는 미국을 독립시키고 대통령이 될 것이다. 나는 열두 살부터 이 목표를 글로 적으며 하루도 꿈을 잊은 적이 없다. 그리고 마침내 꿈을 이루었다."고 말했다.

미국의 오하이오 주의 자전거 수리공이었던 라이트 형제는 그 당시 수많은 엔지니어가 시도했으나 실패하였던 비행기를 발명하는 꿈을 이루어 냈다. 그들의 그 꿈을 이루어 낼 수 있었던 것은 목표가 분명한 삶을 살았기 때문이다.

라이트 형제는 세 가지의 꿈을 가지고 있었다.

하나, 비행기를 만들어서 하늘로 높이 올려야 한다.

둘, 비행기가 공중에 머물러야 한다.

셋, 비행기가 가고자 하는 곳으로 날아가야 한다.

꿈을 함께 나눌 수 있는 스승과 제자가 있다면 우리나라의 내일은 더욱 밝아질 수 있다.

둘째로 서로 소통을 할 수 있어야 한다.

이런 말이 있다.

"우정도 살길과 같아서 서로 오고 가지 않으면 잡풀만 무성할 것이다."

대화와 나눔이 없으면 진정한 교육이 있을 수 없고 참다운 스승과 제자가 될 수 없다.

간디는 "자기에게는 손을 쥐고 타인에게는 손을 펴야 한다."고 말했다. 자신에게는 결단과 각오와 다짐을 하기 위해 손을 쥐어야 하지만 타인에게는 손을 펴서 늘 소통할 수 있는 마음의 문을 열어야 한다.

스승과 제자도 마찬가지다. 지식 전달도 중요하나 인간미가 흐르고 정감이 있는 대화를 나눌 수 있어야 진정한 소통을 할 수 있다. 스승은 처절한 교육 준비가 필요하고 제자는 겸손하게 받아들일 수 있는 자세가 필요하다.

우리는 〈록키〉 영화의 대사를 기억해야 한다.

"인생은 얼마나 센 펀치를 날릴 수 있는가가 중요한 것이 아니라 끝없이 맞으면시도 조금씩 전진하면시 하나씩 얻어가는 게 중요한 것이다."

스승과 제자가 삶의 모든 것을 대화로 나눌 수 있을 때 서로 신뢰하고 존경할 수 있다. 스승을 신뢰하고 제자는 자신감을 얻어야 한다.

크게 성공하려면 작은 것부터 성공해야 한다. 작은 고추가 맵다는 속담은 의미가 있다. 작은 일도 함께 할 수 있는 스승과 제자가 되어야 한다. 작은 것이 소중하다.

훌륭한 성과는 꿀벌이 꿀통을 채우듯이 서서히 이루어진다. 아주 작은 씨앗도 큰 나무가 된다. 씨앗을 심고 비를 맞고 햇살을 받아야 쑥쑥 자라 큰 나무가 된다. 성공이란 씨앗을 성장하게 하는 것이 자신감이다.

스티브 잡스의 전기에 보면 "세상을 바꿀 수 있다고 생각할 만큼 미친 사람들이 결국 세상을 바꾸는 사람들이다."고 말한다. 강헌구의 저서 〈가슴 뛰는 삶〉에서 "그냥 미치면 바보가 되지만 꿈에 미치면 신화가 된다."고 말한다.

셋째로 공감과 감동을 만들어가야 한다.

〈벤허〉 영화는 1907년 15분 길이의 무성 흑백 영화가 처음 만들어졌다. 그리고 1925년 다시 한 차례의 무성 영화로 리메이크되었다. 오늘 우리가 아는 벤허 영화는 윌리엄 와일러 감독의 작품이다. 찰턴 헤스턴이 주연이다. 총 출연 인원 125,477명 제작 기간 10년의 1959년도 작품이다. 와일러 감독은 영화 시사회 때 자리에서 벌떡 일어나서 이렇게 외쳤다.

"오! 하나님! 이 영화를 정말 내가 만들었습니까?"

자신이 하는 일에 감동할 수 있는 삶을 스승과 제자가 만들어가야 한다. 서로 공감하지 못하고 감동이 없다면 인간관계는 무의미하다. 삶 속에서 서로에게 감동을 줄 수 있어야 한다.

영화 〈이보다 더 좋을 수는 없다〉에서 여자 주인공이 남자 주인공에게 칭찬하는 말을 해달라고 한다. 이 말을 들은 남자 주인공이 말한다.

"당신과 만남이 나를 더 좋은 남자가 되게 만들었소!"

이 말을 들은 여자는 자신의 삶 중에서 최고의 칭찬으로 받아들이고 사랑을 한다. 삶 속에 좋은 만남이 중요하다. 이 땅의 많은 스승과 제자들이 서로 "내가 당신을 만나서 더 좋은 사람이 되었다."는 말을 할 수 있어야 한다.

빌 게이츠처럼 내일을 향하여 서로 외칠 수 있어야 한다.

"나는 날마다 두 개의 최면을 건다. 첫째, 오늘 왠지 아주 좋은 일이 생길 것 같다. 둘째, 나는 뭐든지 할 수 있다!"

참다운 스승과 제자가 만났다면 이 세상에서 무슨 일이든지 할 수 있는 용기와 열정이 생길 것이다. 서로의 멋진 삶을 위하여 격려를 아끼지 않을 것이다.

데스몬트 투투가 말했다.

"당신만 느끼지 못하고 있을 뿐 당신은 매우 특별한 사람이다."

이 땅의 스승과 제자는 모두 매우 특별한 사람이다. 서로를 위해 박수쳐 줄 수 있는 삶을 살아야 한다.

나와 호흡이 맞는
상대를 만나자

▷ ▷ ▷

결혼이란 함께 묶이는 것이다. 결혼은 새장과 같다. 밖의 새들은 그 속으로 들어가려 하고, 안의 새들은 밖으로 나가려고 애쓴다. 가정이란 행복을 저축하는 곳이지 채굴하는 곳이 아니다. 자기 것만을 얻기 위해 이루어진 결혼은 무너지기 쉽다. 서로 주기 위해서 이루어진 결혼은 행복하다.

결혼 생활이 불행할 때 '좀 더 상냥한 아내였다면' 혹은 '좀 더 훌륭한 남편이었으면'하고 머릿속에 허상만 그리며 상대방을 멸시해서는 안 된다. 결혼 생활은 하루하루 애써 쌓아 올려야 하는 하나의 큰 사업이다. 애쓰지 않고 행복한 가정을 이룰 수는 없다.

개인의 생활에 즐거움을 주는 장소로 이 세상에 가정만 한 것이 또 어디에 있는가? 어떻게 그 소중한 자리를 애써 다듬기를 게을리하겠는가? 노력할수록 보람 있는 것이 결혼 생활이다. 행복한 결혼을 한다는 것은 '올바른 배우자를 찾는 데' 있기보다는 '올바른 배우자가 되는 데' 있다. 결혼은 50%씩 투자해서 되는 기업이 아니다. 순조롭게 진행되는 협동체로 결혼을 만들려면 자기 자신을 100% 다 기꺼이 주어야 한다.

로버트 프로스트는 "가정이란 여러분이 갈 때마다 항상 여러분을 맞아주는 곳이다."라고 말했다. 가정은 안식처다. 이상적인 가정에는 항상 온유와 사랑이 넘치기 마련이다. 그곳에는 아름다운 선율과 기쁨이 가득 차 있다.

어느 상담자에게 한 여성이 찾아와 부부싸움을 한 이야기를 하며 남편 욕을 실컷 하고 그를 미워한다는 이야기를 했다. 그러나 이야기를 들은 상담자는 남편을 같이 흉보지 않고 도리어 남편의 좋은 점을 들어 칭찬을 해주었다.

여성이 돌아간 후 이번에는 남편이 찾아왔다. 그 남편은 상담실로 들어오자마자 말했다.

"선생님! 우리 마누라가 제 욕을 많이 했지요!"

"아닙니다. 남편은 좋은 사람인데 자신이 못됐다고 했습니다. 이번

싸움도 다 자기 때문이라고 말하며 울며 갔습니다."

"사실 제 아내는 나쁜 여자가 아닙니다. 다 제 잘못입니다!"

남편이 돌아가자 상담자는 여성에서 전화를 걸었다.

"조금 전에 남편이 왔다 갔는데 아내가 좋은 아내라고 했습니다."

그날 저녁 부부는 화해하고 사랑을 나누었다.

부부가 서로 사랑하고 있을 때는 좁은 침대에서도 잘 수 있지만 서로 미워하고 있을 때는 16미터가 되는 침대도 좁게 느껴진다. 세상에서 제일 행복한 사람이 누구인가? 좋은 아내와 좋은 남편과 함께 사는 사람이다.

좋은 아내와 남편은 서로 이해하고 사랑할 때 만들어지는 가장 아름다운 부부의 모습이다. 지금은 사랑하기에 가장 좋은 시절이다. 사랑할 사람이 같이 있을 때 아낌없이 사랑하자. 사랑하는 부부는 얼굴도 성격까지 닮아가는 아름다운 매력을 가지고 있다.

희망찬 하루를 시작하는 10가지 방법

▷ ▷ ▷

하루를 시작할 때 희망이 가득 찬 말로 시작하면 삶이 달라진다. 삶에 확신이 생기고 힘이 솟고 기대감이 넘친다. 우리가 살다 보면 절망을 느낄 때도 있다. 그러나 그것을 이겨내는 것이 삶이다.

안톤 슈낙은 이렇게 말했다.

"누가 모르겠는가? 행복은 멀리 있는 것이 아니라 바로 가까이 있다는 것을, 다만 그쪽으로 손길을 내뻗는 사람만이 행복을 만질 수 있다."

우리가 긍정적이고 희망이 가득 찬 말을 할 때 삶의 모습이 달라진다. 우리는 희망이 가득 찬 말을 많이 해야 한다.

희망이 가득한 말 10가지

1. 오늘은 기분이 참 좋다.

2. 오늘은 잘 될 거야.

3. 열심히 해야겠다.

4. 내 실수를 지적해 주서서 고맙습니다.

5. 내 힘과 열정을 다 쏟아 보겠습니다.

6. 오늘은 멋진 하루가 될 것이다.

7. 오늘은 좋은 일이 많이 일어날 것이다.

8. 노력의 결과는 분명히 올 것이다.

9. 희망을 가지고 힘차고 바르게 살아야겠다.

10. 오늘은 좋은 사람들을 만날 것이다.

베리 벤슨이 이렇게 말했다.

"우리는 성공과 좌절, 불만 그리고 승리 등 이제까지 살아오면서 겪은 일들에 둘러싸여 살아간다.

우리는 매일 어머니와 아버지, 그동안 우리에게 도움을 준 모든 사람, 넓게는 우리가 알고 지내온 모든 사람과 더불어 살아가고 있다.

우리는 지금까지 많은 경험을 겪으면서 오늘에 이르렀다. 그러나 우리가 겪은 지난 일들이 우리의 미래를 결정짓는다고 할 수 있을까?

어느 정도 영향을 미칠 수는 있지만 모든 인생을 좌우하지는 않는다. 지난 일보다 더 중요한 것은 바로 그것을 대하는 우리의 태도이다.

바꿔 말하면 어떻게 지난 일들을 정리하느냐가 중요하다. 많은 사람이 지난 일로 인해 소위 말하는 불구가 되거나 그것에 얽매여 살아간다.

사람들의 호의를 얻는 10가지 방법

1. 상대방의 이름을 외워라.

2. 언제 만나도 기분이 좋은 사람이 돼라.

3. 마음이 여유로운 사람이 돼라.

4. 너그러운 사람이 돼라.

5. 사람들이 우리에게서 가치 있는 일을 배우게 하라.

6. 거만하거나 까다로운 사람이 되지 말라.

7. 오해가 있으면 빨리 풀어라.

8. 사람들을 좋아하라.

9. 다른 사람들의 성공이나 행복을 축복해 주어라.

10. 마음과 생활 속의 신앙을 지켜내라.

상담을 하다 보면 칠팔십 대 혹은 구십 대가 될 때까지 유년기의 정신적 충격에서 헤어나지 못하는 사람들이 있다.

우리는 자라고 성숙함에 따라 과거의 희생자가 될 것인가. 아니면 과거를 딛고 일어설 것인가. 둘 중 하나를 선택할 수 있다. 또 우리에게 일어난 좋지 않은 일들을 극복하고 재기하는 법을 배울 수도 있다.

당신의 과거가 어떻든 간에 오늘은 어제와 다른 날이며 앞으로 나갈 수 있는 기회다."

우리의 미래는 희망을 지니고 있다면 확실하게 달라질 수 있다. 희망은 성공을 만들어낸다. 우리의 행복은 결코 멀리 있는 것이 아니다. 희망을 볼 수 있는 눈만 가지고 있다면 누구나 행복할 수 있다.

밀란 쿤데라가 그의 소설 〈느림〉에서 이렇게 말하고 있다.

"신의 창들을 관조하는 자는 결코 따분하지 않다. 그는 행복하다."

미국의 유명한 적극적 사고 훈련가 지그 지글러가 뉴욕의 지하도를 막 들어서려 할 때였다.

한 거지가 연필을 팔고 있었다. 많은 사람이 흔히들 그러하듯이 그도 돈 1불을 주기만 하고 연필은 받지도 않고 바쁘게 발걸음을 재촉하여 가던 길을 걸었다.

얼마간 가다가 지그 지글러는 불현듯 방향을 돌이켜 그 거지에게도 다시 돌아왔다.

그리고는 "아까 1불 드린 대가의 연필을 주십시오."하고 말하자 그 거지는 당연하다는 듯이 연필을 내밀었다.

이때 지그 지글러는 "당신도 나와 같은 사업가요." 라는 말 한마디를 남기고 돌아왔다.

그 거지는 이 말 한마디에 자기의 자화상을 바꾸어 버렸다. 그는 후에 위대한 사업가가 되었다. 우리가 희망적으로 살아가려면 사람들에게 호의적이어야 한다.

인간이 살아가는 방법에는 세 가지의 길이 있다.

첫째는 무의미의 길이다.

인생은 그냥 먹고, 살고, 그리하여 어떤 사람의 묘비명에 기록된 것과 같이 "나도 먹고 살다 죽는다." 는 식으로 이 네 가지 행위로 일생을 보내는 것이다.

희망이라든가 의미라든가 목표, 헌신, 계획이라는 것이 전혀 없는 그날그날을 살아가는 삶이다. 이런 사람들은 늘 짜증스럽고 두려움으로 가득한 무기력의 삶을 살게 되기에 희망적인 언어보다는 절망적인 언어를 쏟아낸다.

둘째는 의미는 있으나 자신의 고정관념에서 조금도 양보하지 않는 오만의 길, 아집으로 사는 삶이 있다.

자신에게 모든 가치 기준을 두고 자신의 사이클에 맞지 않으면 모든 것을 부정한다.

이 길은 코스를 변경하여 안전하게 항구에 도착하는 것보다 바다에 침몰하는 길을 택하는 어리석은 길이다.

셋째는 희망의 길이다.

희생과 자기 부인, 겸손 속에 목적을 향한 일념의 길이 있다. 이 길을 걸어가는 사람들은 언제나 희망적인 언어를 표현한다. 희망이 자신의 눈에 보이기 때문이다. 성공이 자기의 눈에 보이기 때문이다.

에디슨은 전기를 발명한 사람이다. 에디슨은 11만 번 실패한 끝에 전기를 발명할 정도로 끈기가 있었다.

어느 날 제자가 "선생님! 11만 번이나 실패하셨군요!"라고 말했다.

이때 에디슨은 "아니야! 이렇게 하면 안 된다는 11만 가지의 방법을 알아낸 것뿐이야!"라고 대답하여 다시 출발하였다고 한다. 에디슨은 절대로 절망하지 않고 희망의 언어로 자신의 삶을 표현하였다. 그는 드디어 성공하였다. 정상의 쾌감을 맛볼 수 있었다.

베턴 브래리는 희망의 삶을 이렇게 노래하였다.

그대가 어떤 것을 절실히 원한다면

그것을 위해 나가서 싸워라

낮과 밤으로 일하라

그대의 시간과 평화와 휴식을 포기하라

그것만을 간절히 원한다면

미쳐야 한다

지칠 줄 몰라야 한다

친절이 곧 행복의
지름길

▷ ▷ ▷

사람들이 가장 좋아하는 사람은 친절한 사람이다. 만나면 기분이 좋아지는 사람이 있고 만나면 얼굴만 봐도 식상한 사람이 있다. 한 사람은 친절한 사람이고 다른 사람은 불친절하고 교만한 사람이다. 친절한 사람은 항상 웃음이 얼굴에 가득하여 주변을 밝게 만들어준다.

친절이란? 사람을 대하거나, 보살피거나, 가르쳐주거나, 하는 태도가 정답거나 따뜻하거나 자세하거나 하여 고마움을 느끼게 한다. 사전에서는 친절은 "남을 대하는 태도가 정성스럽고 정다운 것이다."라고 말하고 있다. 친절은 살맛을 만들고 행복을 만들고 웃음을 만든다.

사람들은 누구나 친절한 사람을 좋아한다. 친절하다는 것은 상냥하고, 잘 웃고, 가까이 가기가 쉽고, 다정다감하다는 것이다. 친절하게 살아야 주변 사람들이 좋아한다. 친절은 개인뿐만 아니라 직장 전체 나라 전체를 행복한 이미지로 바꾸어 놓는다.

자기에게 이해관계가 있을 때만 남에게 친절하게 대해선 안 된다. 지혜가 많은 사람은 이해관계를 떠나서 아무에게나 친절하고 어진 마음으로 대한다. 어진 마음 자체가 나에게 따뜻한 체온이 되는 까닭 이다.

생활 속에서 만나는 친절한 사람은 남을 먼저 배려할 줄 아는 사람 이다. 자기중심적으로 살아가는 것이 아니라 우리라는 공동체 의식을 갖고 살아가는 사람이다. 친절하게 행동하는 것은 남을 위해 행동하는 것일 뿐 아니라 자기 자신도 배려하는 행동이다.

진정한 친절은 몸과 마음이 하나가 된 솔직한 마음의 표현이다. 랄프 왈도 에머슨은 "사람이 누군가를 진심으로 돕고자 할 때 어김 없이 스스로를 돕게 된다는 사실은 인생이 주는 아름다운 보상이 다."라고 말했다.

친절이란? 어떻게 표현되는 것일까. 첫째로 미소를 짓는 것, 둘째로 언어와 표정을 부드럽게 하는 것, 그리고 셋째로는 행동을 자연스럽게 하는 것이다.

작은 친절에 감동받아 본 사람은 아무런 거리낌없이 남에게도 친절을 베풀 수 있다. 친절하려면 마음이 즐거워져야 친절할 수 있다. 친절하려면 스스로 즐거운 상태를 만드는 것이 가장 중요하다. 내가 즐겁지 않으면 남에게 즐거움을 절대로 줄 수가 없다. 행복한 마음으로 친절한 삶을 살아가자.

톨스토이는 "친절은 세상을 아름답게 한다. 모든 비난을 해결한다. 얽힌 것을 풀어헤치고, 곤란한 일을 시원하게 하고 암담한 것을 즐거움으로 바꾼다."고 말했다.

불평하면 친절할 수 없다. 지혜가 부족하거나, 교활한 마음을 갖거나, 진실하지 못하면 친절처럼 위장한 잘못된 친절을 보인다. 이런 친절은 진실이 아닌 거짓된 마음에서 시작한다.

친절은 우리가 상냥하게 남을 대하기 위하여 필요한 것을 베풀고 이로움을 주는 것뿐만 아니라, 진실한 마음이 우러나와서 남을 도와주고 싶어야 참된 친절인 것이다.

친절하려면 상대방의 마음을 잘 보살펴 주어야 한다. 상대방이 원하는 것을 모르면 전혀 다른 결과를 가져올 수 있다. 친절이 도리어 오해를 불러일으킬 수 있다. 상대방에게 과민반응을 일으킬 수 있다.

친절은 남을 사랑하는 마음이 있어야 한다. 브레인 리는 친절에 대하여 "친절은 민감하고, 주의 깊고, 사려가 깊은 것을 의미한다."고 말했다.

마더 데레사는 친절에 대해 이렇게 말했다.

"가는 곳마다 사랑을 뿌리자. 우선 집에서부터 해보자. 아내나 남편에게 이웃에게 사랑을 전하자. 우리에게 다가오는 사람들이 보다 행복해져서 떠나게 하자. 살아있는 상냥함의 표상이 되자. 얼굴에 친절을, 눈에 친절을, 미소 속에 친절을 온화한 인사말 속에 친절을 담자!"

친절은 음악과 같다. 친절은 예술이다. 누구나 친절을 원한다. 고객만족, 고객감동, 고객행동은 친절에서 이루어진다.

인간관계를 유지하는 데 친절이 필요하다. 친절은 가장 매력적인 표현이다. 친절은 다른 사람을 섬기는 것이다. 다른 사람을 섬길 줄 아는 사람은 자신도 섬길 줄 아는 멋진 사람이다. 사람은 친절한 사람들과 같이 일하기를 좋아한다.

사람들은 서로에게 영향을 주고 영향을 미치고 살아가기에 친절은 꼭 필요한 마음의 표현이다. 헉슬리는 "평생을 인간 문제에 골몰해 왔다는 사람이 결국은 좀 더 친절해지도록 노력하라는 조언밖에는 해줄 말이 없다는 사실이 좀 부끄럽다."고 했다. 친절은 그만큼 삶 속에서 중요하다. 친절하지 않은 사람은 만나기도 싫고 같이 일하기도 싫기 때문이다.

친절하고 원만한 대인관계의 첫걸음이 되는 고운 말 쓰기 운동을 체계적이고 지속적으로 전개하여 친절이 몸에 배게 해야 한다.

첫째로 웃는 얼굴이다. 웃는 얼굴의 소중함을 알아야 한다. 사람을 반기는 마음을 가져야 한다. 때와 장소에 알맞은 표정을 지어야 한다. 명랑하고 밝은 얼굴을 만들어야 한다.

둘째로 바른 인사를 하는 것이다. 바른 인사의 중요함을 알아야 한다. 상대방을 존중하는 마음으로 인사해야 한다.

셋째로 곱고 정감있는 말로 대해야 한다. 고운 말 정감 있는 말로 표현하여 상대방의 마음을 읽어주어야 한다.

친절은 자신에게 많은 이익이 되어 돌아온다. 친절은 남에게도 기쁨을 주지만 결과적으로는 자신을 더 기쁘게 만든다.

한 번뿐인 삶,
상처받지 말고 살자

▷ ▷ ▷

급변하는 환경 속에서 오늘을 사는 우리가 해야 할 역할과 자세가 분명해야 한다. 누구나 한 세대를 살다가 떠나가야 하는 삶이다. 그러므로 다음 세대를 위하여 최선을 다하는 삶을 살아야 한다.

마크 트웨인은 당신은 20년 후에 당신이 한 일보다 하지 못한 일 때문에 후회할 것이라고 말했다. 자신이 해야 할 일을 확실하게 하고, 하지 말아야 할 일은 어떤 경우에도 하지 말아야 한다.

우리나라는 급속한 경제 발전 속에 성장통을 앓아왔다. 갖가지 사건과 사고 때문에 온 국민이 가슴이 아플 때도 있다. 이럴 때일수록 남 탓을 하며 무조건 비난을 하기보다 자기 자신의 잘못과 실수를 먼저 바라보고 고쳐나가야 한다. 우리 국민 한 사람 한 사람이 하나가 되어 새로운 내일을 만들어가야 발전하고 세계 속에 우뚝 서는 나라와 국민이 된다. 좋은 일 바른 일을 먼저 행하고 먼저 이루어 갈 수 있는 마음을 갖고 행동해야 한다.

다음 세대를 위하여 올바른 삶을 살아가며 안내자의 역할을 해야 한다. 훌륭한 리더는 기꺼이 자신의 성공을 도와주도록 사람들을 끌어당기는 매력이 있다. 나라의 내일을 만들어가는 힘과 능력을 가져야 한다.

모두 희망과 꿈을 갖고 이루어 가야 한다. 꿈이 없고 희망이 없으면 불평과 비난만 쏟아지는 것이다. 실패를 통해서 더 배우고 단련되어 더욱더 걸작품을 만들 수 있어야 한다.

가장 어려운 문제라도 해답을 제시하고 극복하고 이루어 내야 한다. 아무리 복잡한 문제가 생겨도 앞장서서 새로운 전망을 계속 알려주어야 한다.

톨스토이는 단편 소설 〈사람은 무엇으로 사는가?〉에서 "모든 사람은 자신에 대한 걱정으로 살아가는 것이 아니라 사랑으로 살아간다는 것을 알게 되었다!"라고 썼다.

사람을 사랑할 줄 모르면 모든 것이 어긋난다. 가족을 사랑하고 이웃을 사랑하고 나라와 민족을 사랑하는 마음이 더욱더 강해야 한다.

나만 잘되면 되는 세상이 아니라 나 때문에 행복한 사람이 많아질수록 행복한 세상이 되는 것이다.

"종이에 그리면 그림이 되지만 마음에 그리면 그리움이 된다."는 말이 있다. 이 세상을 모범적으로 멋지게 살아가는 사람들이 많아져서 그 사람들을 그리워하며 살아갈 수 있어야 한다.

존경할 사람과 닮고 싶은 사람이 없다면 삭막할 수밖에 없다. 냉철하면서도 따뜻한 마음을 갖고 주변 사람들을 대해야 한다.

영화 〈가을의 전설〉에서 "젊어지는 데는 오랜 시간이 걸렸지만 나이가 드는 데는 한순간이었다"는 대사가 나온다. 모두 다 떠나가야 하는 삶이다. 이 땅을 살아가는 사람들은 다음 세대를 위하여 최선을 다하여 살아야 한다. 자신의 삶에 열정이 있고 멋과 낭만이 있는 사람들이 더 많아져야 한다.

내 편 네 편만 가르지 말고 서로 위로할 수 있는 마음을 가져야 한다. 자기 일도 제대로 못 하는 사람들이 비판을 더 많이 하는지도 모른다. 직장과 일터에서도 정말 열심히 일하는 사람들은 불평과 비난할 시간이 없다.

자기가 하는 일에 보람을 느끼고 자부심이 강하기 때문이다. 자신의 삶을 추억해 보아도 후회가 없는 사람이라면 얼마나 멋진 삶인가!

남의 말과 상식에 휘둘리지 않고
유쾌하게 살아가는 법

초판 1쇄 인쇄 2018년 7월 13일
초판 1쇄 발행 2018년 7월 20일

지은이   용혜원
펴낸이   김명호
펴낸곳   도서출판 머니플러스
편 집   이운영
디자인   페이퍼마임
마케팅   김미룡, 조병훈
관 리   문란영

주 소   경기도 고양시 일산동구 강송로 33, 102동 5606호(일산요진와이시티)
전 화   02-352-3272
팩 스   031-908-3273
이메일   pullm63@empal.com
등록번호   제311-2004-00002호

ISBN 979-11-87314-43-1 (03320)

이 도서의 국립중앙도서관 출판예정도서목록(CIP)은 서지정보유통지원시스템 홈페이지
(http://seoji.nl.go.kr)와 국가자료공동목록시스템(http://www.nl.go.kr/kolisnet)에서
이용하실 수 있습니다. (CIP제어번호: CIP2018016374)